第35回 神奈川県 ⑦大学 ①専門学校 卒業設計コンクール

公益社団法人 日本建築家協会 関東甲信越支部 神奈川地域会 編

はじめに

　JIA（日本建築家協会）神奈川地域会では、建築が社会・文化を発展させる上で不可欠な役割を担っていること、またそこに建築家という職能が深く関わっていることを広く市民に伝えるべく、毎年春に「かながわ建築祭」を開催しています。2024年はシンポジウム、まち歩き、学生の卒業設計コンクール、更にはJIA神奈川会員作品展と、昨年に引き続き3日間のプログラムを組み、無事終了しました。

　特に今回は横浜市役所のアトリウムを借りて3日間で600人を超える来場者が訪れ、どのプログラムにも若い人が多かったことが印象に残りました。JIA神奈川の今年度の活動方針は、前年度同様「タウンアーキテクトの可能性」です。持続可能な建築とまちの関係を考えるうえで、建築家の果たす役割をもう一度地域への貢献とその活動の評価という点から見直そう、というものです。私たちJIA神奈川は作品と同等にこのような活動の評価も行っていきたいと考えています。現在の日本では温暖化対策、防災対策、建築の環境指数など、建築にまつわる全てがより安全・安心な社会を目指す方向で動き始めているように思えます。そういう時代の最中だからこそ、私たちは建築祭において、"「みんなの家」のこれから"という地域における若手建築家の小さな活動の報告と彼らが今建築界や建築家のあり方について論じる機会を持ちました。また横浜・関内の歴史的建造物をめぐるまち歩きでは横浜国立大学特別研究員の菅野裕子さんによる歴史的建造物を見学しながら、横浜の街の歴史を振り返る充実したツアーを行いました。そして横浜市役所アトリウムにおいて行われた「神奈川県7大学1専門学校卒業設計コンクール（審査委員長：福島加津也氏）」では25作品の中から白熱した議論の果てに3作品が金、銀、銅となり、金賞、銀賞の2作品を全国に送り出しました。横浜市役所アトリウムという最もパブリックな空間での展示、また講評会は学生だけでなく審査員の方々にも意義深いものになったのではないでしょうか。今回は同じ会場でJIA神奈川会員の展示「シチズンアワード（JIA神奈川会員展）」も行い、一般の方に、JIA神奈川会員の展示に"いいね"をマークしてもらい、会員の活動の啓発と交流を図りました。卒業設計コンクールの審査員を始めとして、これらの企画に尽力・協力いただいた関係各位に、この場を借りて、お礼を申し上げたいと思います。

　またさまざまな観点から、活動を続けていくために種々のサポートをいただいた総合資格学院にも深く感謝したいと思います。

公益社団法人 日本建築家協会
関東甲信越支部 神奈川地域会 第11代 代表　　　　柳澤 潤

協賛および作品集発行にあたって

　建築士をはじめとする、有資格者の育成を通して、建築・建設業界に貢献する――、それを企業理念として、私たち総合資格学院は創業以来、建築関係を中心とした資格スクールを運営してきました。そして、この事業を通じ、安心・安全な社会づくりに寄与していくことが当社の使命であると考え、有資格者をはじめとした建築に関わる人々の育成に日々努めております。その一環として、建築に関係する仕事を目指している学生の方々が、夢をあきらめることなく、建築の世界に進むことができるよう、さまざまな支援を全国で行っております。卒業設計展への協賛やその作品集の発行、就職セミナーなどは代表的な例です。

　「神奈川県7大学1専門学校卒業設計コンクール」は、神奈川県内の8つの大学・専門学校において各校から選出された作品が出展する卒業設計コンクールです。かながわ建築祭のイベントの一つとして、JIAの実行委員を中心に多数の教員方の手によって運営されます。本誌では、当日の審査の模様をダイジェスト版として収録しているほか、各校から選ばれた優秀な出展作品を掲載しており、資料としても大変価値のある、有益な内容となっております。

　近年の建築・建設業界は人材不足が大きな問題となっていますが、さらに、人口減少の影響から、社会のあり方が大きな転換期を迎えていると実感します。特に近年は、新型コロナウイルス感染拡大により私たちの生活や社会の仕組みが変化せざるを得ない状況となりました。そのような状況下で建築業界においても、建築家をはじめとした技術者の役割が見直される時期を迎えています。本作品集が、そのような変革期にある社会において高校生をはじめとした、建築に興味を持ち始めた若い人々の道標の一つとなり、また、本設計展に出展された学生の方々や本作品集をご覧になった若い方々が、時代の変化を捉えて新しい建築のあり方を構築し、将来、国内だけに留まらず世界に羽ばたき、各国の家づくり、都市づくりに貢献されることを期待しています。

総合資格 代表取締役　　　　　　　　　　　　　岸　和子

[主宰]
公益社団法人 日本建築家協会 関東甲信越支部 神奈川地域会（JIA神奈川）

[公開審査]
2024年3月3日（日）
○一次審査 10：00〜12：00
○二次審査 13：00〜16：00

[作品展示]
2024年3月1日（金） 〜 3日（日）10：00〜16：00

[会場]
横浜市役所アトリウム

[審査委員長]
福島加津也（福島加津也＋冨永祥子建築設計事務所）

[審査員]
畑 友洋（畑友洋建築設計事務所）
高野洋平（MARU。architecture）
森田祥子（MARU。architecture）

[進行]
田邉雄之（田邉雄之建築設計事務所）

[参加校]
浅野工学専門学校・神奈川大学・関東学院大学・慶應義塾大学・
慶應義塾大学SFC・東海大学・東京工芸大学・明治大学・横浜国立大学

[応募作品]
25作品

Final judgement

二次審査ダイジェスト

THE 35th
**GRADUATION
ARCHITECTURE
COMPETITION**
7 UNIVERSITIES and
1 VOCATIONAL SCHOOL
in **K A N A G A W A**

卒業設計コンクール
二次審査
ダイジェスト

神奈川県内の７大学と１専門学校から25作品が本コンクールに出場。それぞれの学校から選ばれた優秀作品が出展し、卒業設計に込めた想いと提案内容を発表する。会場の横浜市役所アトリウムにて、午前のプレゼンテーションと質疑応答による一次審査で12名を選出。二次審査では、審査員と選出された12名がディスカッションを行い、それを踏まえて審査員同士による議論を経て2024年度の受賞者が決まる。

審査委員長
福島 加津也（福島加津也＋冨永祥子建築設計事務所）

審査員
畑　友洋（畑友洋建築設計事務所）
高野 洋平（MARU。architecture）
森田 祥子（MARU。architecture）

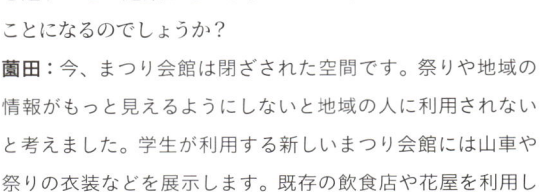

関東学院大学　薗田さくら
「まちの鼓動」

高野：まつり会館がある敷地に山車（だし）の道を通すことで建築がどのようにふるまうことになるのでしょうか？

薗田：今、まつり会館は閉ざされた空間です。祭りや地域の情報がもっと見えるようにしないと地域の人に利用されないと考えました。学生が利用する新しいまつり会館には山車や祭りの衣装などを展示します。既存の飲食店や花屋を利用して地域と馴染むような空間もつくりました。

畑：祭りそのものではなく、境内に着目したことに興味をもちました。境内は市（いち）の役割を果たしたり、自由な雰囲気があると思います。今の境内についてどう考えていますか？

薗田：現代の境内は昔とはあまり変わっていないと考えています。時代が流れても祭りや市が開かれ、これからも歴史をつないでいくと思います。ただ、今の子どもたちはそういう空間があるにもかかわらず、あまり利用していないことが気になっています。

関東学院大学　髙橋梨菜
「まちを癒やして」

福島：斜面を利用することで建物は線状に細長くなります。線状空間の利用についてどのような工夫をしましたか？

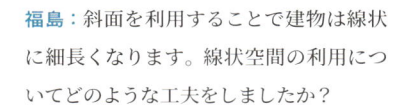

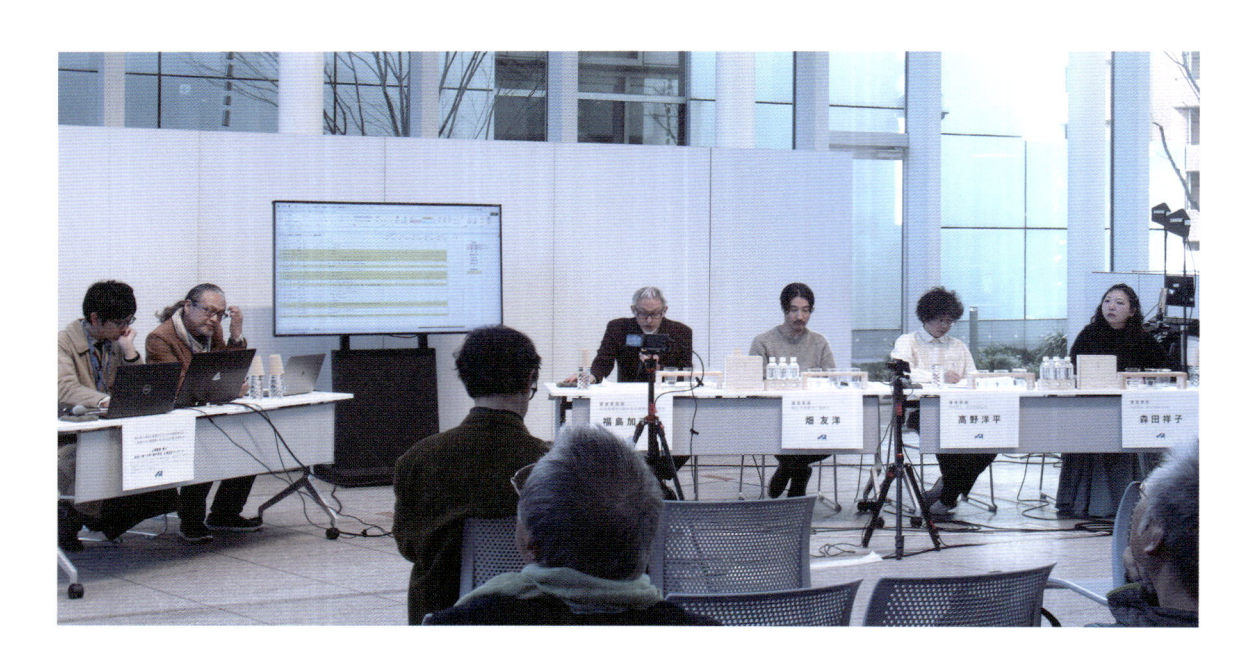

高橋：まちを移動する道にもなるので、歩きながら本を探せるように本棚と机の間に道を設け、外側のテラスも景色を見ながら線状の動きになるようにしました。

福島：縦方向ではなく線状方向に分割しているところが秀逸だと思います。

畑：アースアンカーを打って擁壁をつくっています。アースアンカーを中心とした土木構造物と建築物がどのような効き方をしているのか、その関係性についてアイデアがあれば教えてください。

高橋：フリーフレーム工法による補強擁壁の交点に主要なアースアンカーがささっています。上階からの荷重位置にあわせて2m間隔で丸柱を入れて荷重を擁壁側に受け流したり、フリーフレーム工法を利用して梁受けにして建物のスラブを支えています。

畑：現実的には難しいかもしれませんが、そのように考えて建築や土木をつくることは面白いアイデアだと思います。

高野：ファサードやまちの風景に対して考えていることはありますか？

高橋：日差しや視線を考慮して箇所に鉄板パンチングを挿入しています。階段室はまちのリズムに合わせるように形を調整しています。

関東学院大学　荻尾明日海
「私が奏でる
もうひとつの世界の中で。」

森田：模型を通して空間体験をしたと思いますが、そこでテーマとした曲を聞いてみましたか？ 自分の体験とは違う空間的発見があったのでしょうか？

荻尾：自分が思い浮かべていた情景とあわさった形になっています。空間ができてから曲を聞いたときには納得できました。

森田：自分のことを内省的に掘り下げることは大事です。この手法を使って自分の中にあるものをもう一度発見したときに、それをどう次に展開しようとしていますか？

荻尾：他の誰かが感動した曲や本から、自分に寄り添う空間を見つけるプロセスはできるだろうという発見はありました。

福島：主観からスタートしてもいいですが、最終的にはみんなにいいねと言ってもらわないと音楽も建築もできない。みんなに伝えることを意識しましたか？

荻尾：空間体験をみんなにしてもらうというより、この空間体験は自分が知りたかったことです。他者には、私が感動した曲の形として見てもらえればいいと思っています。

横浜国立大学　黒沼和宏
「隙が巡るまち」

畑：隙（げき）に挿入する6つの建築が、日常ではどう使われるかを教えてください。

黒沼：1は防災施設の中に風呂やランドリー、近くに町内会館や貸しスペースがあり、災害時には大きな家の役割をします。2はリビング、3はキッチン、4はホール、5はライブラリーなどの情報の場、6は風呂とランドリーです。

畑：最初に「地形が生む豊かさがある、それは建築が帯びることのできる固有性だ」と話していました。6つの建築は比較的似たつくり方をしているように見えますが、擁壁との関わりの中でどのような違いがあるのでしょうか？

黒沼：設計手法は基本的に同じですが、スロープが多い道にはスロープがない建築、階段が多い場所にはスロープのある建築、擁壁の高さによっても違います。RCで建築をつくり、RCがさまざまな空間になるように操作をしています。

畑：建物の高さが違っても同じシステムで建築をつくるということですか？

黒沼：6つの建築は崖地の中腹で線状につながっていくイメージです。もともとある防災施設がこのまちの中腹にあることを生かしながら、一つひとつは機能が異なる居場所をつくります。

森田：今回、崖地を敷地に選んでいる作品がいくつかあります。崖地に建物を建てることによって都市の構造や人の動線、見え方が大きく変わります。これが建つことによってまちがどのようになると想定していますか？

黒沼：ここは防災施設や建て替えできない住宅がある場所です。その問題をクリアしたうえで、今回提案した崖地の中腹に住宅や多様な居場所ができ、まちの中心が移ってくると考えています。

横浜国立大学　山田伸希
「布置を解く」

高野：時間的な変遷によって、どのように人間がそこにいて使われ方がどうなるか教えてください。

山田：つくば道のほうで説明します。布置は自分が操作したものだけでなく、敷地以外の外部要因にも影響を与えると考えています。今はきれいな景色が見える場所にありますが、ここに景色を邪魔するRCの建物が建つと考えました。そうするとこの建物をきっかけにして見る、見られるという劇場空間

をつくることができるのではないか。時間が経つと今度はRCの建物が壊されて、今度は見る、見られるの機能が残ったまま景色が復活します。そうすると結婚式場のようなハレの場になるのではないか。そのようにして保留が機能にも影響を与えると考えています。

福島：建築家は建築物を最初からつくろうとしますが、無意識のうちに何かを引き継いでいるし、私たちがつくったものも後の人に何かしらの影響を与えていくとすると、モノのあり方の意味を問い直す面白い作品だと思います。引き継ぐことは未来をデザインしながら、同時に過去をデザインする可能性もあると思います。これは他の場所やあなた以外でも応用可能と考えていいですか？

山田：保留はここだけではなく汎用性が高いと思います。

森田：モノを中心にストックして循環させていくということですが、地方では同時に人的資源の枯渇があります。そこで誰がどうやってつくり続けるのか考えがあれば教えてください。

山田：保留を前提にして、途中からは違う人がつくるとすると、自分の考えとは違う面白さがつくれると思います。

森田：施工についてはどうでしょうか？

山田：仮囲いを木材や単管パイプでつくったりして増改築しやすいようにと考えています。

慶應義塾大学　北島光太郎
「新・御境内林苑計画」

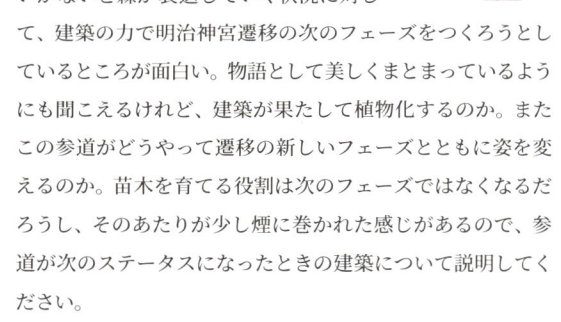

畑：クスノキの苗木を育て、植え替えていかないと森が衰退していく状況に対して、建築の力で明治神宮遷移の次のフェーズをつくろうとしているところが面白い。物語として美しくまとまっているようにも聞こえるけれど、建築が果たして植物化するのか。またこの参道がどうやって遷移の新しいフェーズとともに姿を変えるのか。苗木を育てる役割は次のフェーズではなくなるだろうし、そのあたりが少し煙に巻かれた感じがあるので、参道が次のステータスになったときの建築について説明してください。

北島：人の手を加えず人工林を形成するときに、今回の障壁になった1つが温暖化です。ここはクスノキに適さない環境だったので思ったより成長しませんでした。しかしこの先100年温暖化が続くことによってクスノキは延命します。建築物はそのときが来るまで神宮の森として耐えるための装置として動くので、最終的に森になった後に苗木を育てなくてもこの森は続くと予想しています。

畑：植物化するという表現をしていますが、建築物は役割を終えると消えていくということでしょうか？

北島：はい、森と化すということです。

森田：だんだん建築がなくなって半屋外から屋外へ還元されていくストーリーの中で、人間の振るまい方が植物とともに変化していく。外部環境から人間を守るためにあった建築に、ガラスが出てきて内外が視覚的につながって、空調が発展していくと外皮がどんどんなくなっていくかもしれない。それと、この建築が次第に屋外化していくことがリンクしていったら、植物と人間が森の中に解き放たれていくような次の100年が生まれるのかなと思いました。

福島：過剰な人工は良くないと思います。農業はエンジニアリングですが、それを見て癒やされる風潮はつらいし、建築家はアンチにそのようなことを言いがちですが、私は建築の応援をしたい。一方で、そうではないこのような提案が出てくることもすごく良いと思います。

慶應義塾大学SFC　稲田駿平
「新しい制服のかたち」

高野：1つのあるまとまりをもちつつも、違うものが集まることは面白いし、つくられ方も興味深く、さらに批評的だとも思いました。今の社会に対してどういう投げかけをするために提案をしたのか、どのように社会に還元できるのかを教えてください。

稲田：今、多様性という言葉を毎日のように聞きます。みんなが違うということを許容しつつも、みんなが一緒であることも必要だと思います。でも同じすぎると自分の個性を発言できないし、バラバラすぎても寂しい。制服について批評的でもありますが、学生には制服ディズニー（高校の制服を着て仲間とディズニーに行く）などのように、自分たちが高校生だという個性の発言と、同じ服を着る共通認識としての装置に制服を使っていると思います。多様性をもちながら、共通しているものを含めることができるのが制服だと思います。

畑：本来の制服の役割ではない仲間意識や表現、あるいは格差を隠蔽するという新しい役割を提案しています。興味があるのは、新しいインフラとして制服がもつ効果を提案しようとしているのかどうか。また、フレアスカートのように具体的な形の話もありましたが、その価値も評価すべきなのでしょうか？

稲田：制服はもともと軍服で、大人から押しつけられて着るという歴史的な文脈と、ジャケットという形の文脈が結びついているので両方と考えています。

福島：制度と自由、どちらもありだと思います。自由すぎても所属意識がなくなるし、ガチガチでもつらい。つくり方についても大量生産と個別解をつなげようとしています。例えば建築家は個別解、ハウスメーカーは大量生産という20世紀の先輩たちが残した難問を、制服という手掛かりをもとにつなげようとしています。

森田：建築と衣服の同質性あるいは違いについて考えていることを教えてください。

稲田：20世紀のモダニズムは科学技術をもとに均一化されました。そこから地域主義的になりサイトスペシフィックなものができていったと認識しています。制服はいまだに単一のものを着るという、科学技術に支えられた大量生産品のまま歴史が止まっていると思います。ですから建築が辿った歴史のように制服も地域主義的であっていいし、学校や個人によっても違っていいと思います。

慶應義塾大学SFC　高部達也
「みんなでPersonal　Water Networkをつくる」

福島：卒業制作でなぜ井戸を掘ろうと思ったのですか？

高部：建築は1つつくっても完成ではなく、背後で膨大なインフラが支えています。しかし水道、下水、ゴミ回収などが現代の我々の生活とは切り離されていることに危機感を覚えています。水がないと生きていけないですが、一人で井戸を掘れるのではないかと思ったことがきっかけです。ゆくゆくは水を処理するインフラ、一人で生きていくための電気をつくり、ゴミ処理などパーソナルインフラネットワークを構築して、誰でもできるようにすることを目指しています。

畑：単に井戸を掘ったのではなく、インフラを民主化したということが興味深い。井戸を掘ると井戸端が生まれて場ができます。新しい民主化されたインフラが生まれると、水を通してどんな働きがまちに起こるのでしょう？

高部：我々が普段使っている水は浄水処理されたきれいな水です。処理前の原水には個性があり使い分けることによって日常生活がささやかながら豊かになる。その社会が私にとっては豊かだと考えています。豊かさもありつつ水道インフラとの併用で冗長性の高いインフラができていると思います。

高野：ブラックボックス化、無意識化されたインフラが転換した先にどのような社会を目指しているのでしょうか？

高部：普段使っている水道は高度経済成長期に発展し、普及

> 井戸を掘っただけでなく、それがインフラの民主化につながっているのが興味深い──畑

したインフラだと思います。この先、人口が減少する中で、水道というインフラがどこまで持続するかわかりません。能登半島地震でも断水して復旧までに時間がかかっています。その中で近代化以前に行っていたことですが、自分の力でどうにかしていきたい。将来、水道がなくなったらどうしようと考えるのではなく、水の味が違うなどの面白さも含めながら、面白い未来が待っていると思ってもらいたくて、今回の提案をしました。

高野：建築に置き換えた場合、ゼロエネルギーハウスの方向に行くのか、違う考えなのでしょうか？

高部：自給自足のように自分でやっていく方向もあると思いますが、既存のソーシャルインフラからの自立は、ある種の自己満足の面もあると思います。井戸の面白さを一般の人にも開いて共有することで、普段、ソーシャルインフラを使っていてもたまにあそこの井戸に行ってみよう、使ってみようとかの日常の楽しみをつくることができたらいいです。

神奈川大学　仁昌寺天心
「CAVE STREET 線上の余白」

高野：避難経路をつくることは理解できました。鉄骨のタワーをつくるときにコンクリートブロックを転用することも含めてどのように構成しているのか、設計の考え方を教えてください。

仁昌寺：タワーはコンクリートブロックだけではなく、敷地周辺の要素が構造にからみ合う構成です。子どものたまり場、集会場、マーケットをつくり、スラム街から抽出した要素がどう読み替えられていくか考えながら構成しています。

高野：それが自動的にできてしまう印象を受けますが、そうではなく設計手法が明快になるといいと思います。

仁昌寺：スラム街らしい造形的な構成になるように組み替えています。

高野：ストラクチュアルなものは形式があって、そこに関わっていく人の中で地域性ができていくと思うので、もう少し意識化されると良いと思いました。

森田：このスラム街は大きな都市の隙間にあるのか、それとも面的に全部スラム街なのでしょうか？

仁昌寺：ここは面的にスラム街で土地の所有権は決まっていますが、住戸拡張の際に多くの違法建築ができて、災害時には危険な状態です。

福島：建築のコンセプト、プログラムの提案がありましたが

具体的な建築の提案が少ないと感じました。スラム・クリアランスとこの形が格好良さに留まっているように見えます。スラム・クリアランスを謳ったとしたら、正義を引き受けることになるので個人のセンスでは済まされないでしょう。

明治大学　本多空飛
「狂気する祭礼都市」

畑：祭りの道具や祭りそのものの変位に着目するのは面白く、狂気と言いながら祭りを肯定的に見ていることにも共感しました。担い手が血縁を越えて疑似家族という新しいコミュニティに移行していくと説明されました。祭りはその状況を現していると思うので、この祭礼都市になったときのまちの様相について説明してください。

本多：まず少子化、高齢化の問題があります。今後は高齢者を地域で見る必要があるなど社会の単位が変容していくことから、この未来を描きました。

畑：プレゼンの中で賑わいが戻るとありましたが、近代以前の集落的様相に回帰するということですか？ つまり家族単位は解体し、みんなで子どもたちを見る状況の裏返しで高齢者を地域で見守るということでしょうか？

本多：そうでなければやっていけないと思っています。完全に戻るわけではないですが、地域などの祭りが戻ってきて地域関係が蘇っていきます。

福島：極論を言うと、祭りは都市には必要ないにも関わらず東京の街中にも祭りが残っています。かつての共同体による祭りが変容しはじめているという着目、そのために建築や空間が必要ということは面白いです。今回の提案ではかつての地縁に戻る話のようです。

本多：地縁に戻るわけではなく、疑似家族です。大人が複数で住んだり、社会の単位が今とは違うものになる。子どもたちが家を継がないために空き家が増えているなどの問題が顕在化しているので、社会の単位が変わるべきではないでしょうか？

福島：そうすると変わるべき社会の単位は、祭りの単位と連続性があるということですか？

本多：祭り自体は衰退しないように新たな担い手を吸収しはじめます。

福島：観光客が疑似家族の一員になる可能性もあり、日常でも祭りのシステムが街中で活性化することにつながれば。

本多：日常ではマルシェ、ブッククロッシングもあります。

まだ答えまで至らなくても、一生懸命考えて問いを掘り下げることに価値がある——高野

福島：タイトルにある日常の狂気がもう少しほしいです。狂気は祭りだけでなく我々の日常にとっても必要でしょう。都市の日常的な狂気を建築によって提案できるといいと思いました。

明治大学　石井開
「遠国は傍らに」

高野：各国の記号性を日本のつくり方に置き換えたときに起こることが、何につながるのでしょう？

石井：今までユニバーサルスペースは中立的でホワイトキューブのような形で設計されてきました。今回の設計ではどちらの国でもない領域をつくるときに、日本らしさとその国らしさが混ざり合うようなユニバーサルな空間ができると考えました。そして非国籍化したときに、法律的に起こりえなかったことが起こると考えています。

高野：ユニバーサルという言葉がちょっと違う気がします。限定的な意味が発生しないことの手法としては面白いですが、その先に何があるかはもう少し議論が必要だと思います。

森田：国らしさということの表明に興味をもちました。それが日本的なものでつくられることで、解像度によっては日本的に見えて、引いていくと形態としてはそれぞれの国らしく見える、その接続がすごく面白い。ただ選んでいるのがフランス、中国など非常にわかりやすい国です。これが誰も知らない国でも同じようなことが実現できるのでしょうか？

石井：ある程度敷地が広い大使館に限定したので、ビルに入っている大使館だとこの設計では成り立たないと思います。

畑：そう言ってしまっていいのでしょうか？

石井：はじめは大使館建築ではなく、人のボーダーについて考えていました。それが顕著に表れている大使館で考えたのが今回の設計です。つまり私たちと非私たちのボーダーに、いかに孔を穿つかを考えました。

畑：すごく面白い着目だと思います。普段見向きもしないもの、日本と他の国との違いは法律問題を含め大きく横たわっています。その境界にある可能性をたぐり寄せようとする試みはすごく興味深い。治外法権化しうる両方の国に属さない状況をつくれるなら、それは人々にとってどういう場所なのか。あらゆる人が逃げ込める可能性をもっているとか、もっと議論ができるのではないか。その記号性が読み取れるか読み取れないかによって、その価値が変わるという話になると

ちょっと寂しいと思います。だからビルに入っている大使館でもその境界はあるのではないでしょうか？

石井：はい、まだ自覚できていない部分があると思います。

東京工芸大学　藤原禎之
「写真駆動建築 Photo-driven Architecture'TOKYO/Corner'」

森田：事務所で模型のスタディをするときに、目を細めて模型を見ることがあります。つくろうとしている形が、抽象化された状態で大事にしたいところが浮き立って見えるのか、形態がどういう意味をもつのか考えます。そういうときにこのピンボケ写真の手法を使うことは有効だと思います。一方でカタログ化することにすごく違和感がありました。あるフィルターを通してもう一度風景や形態を見直す行為だから、それを一つひとつ細かい手法にしてしまうと、おおらかな抽象化というフィルターが些末な手法に陥る感じがします。そうではなく自由に最終的に建築をつくることができればいいと思いました。

藤原：私自身も最後までやってみて、カタログ化には少し違和感がありました。漠然とピンボケ写真を見ると手掛かりがない状態だったので、一度視点場を設けるとやりやすくなると考え、言葉で括りました。

森田：説明のための手法に陥る怖さがあると思いました。

畑：今回のスライドにはピンボケした写真しかなかったのですが、ピントが合っている写真と行き来することが重要ではないでしょうか？ 確かにピンボケ写真から導いたものには瑞々しいものができていたと思います。だからこの手法を経なければ生成しえないもののメカニズムを説明したほうが良かったと思いました。

藤原：建築が周囲を含んだ状態で溶けてしまうのかどうかを検証するためにピンボケ写真を使いました。確かに部分を見せるときにピントが合っているもので説明しないとわかりづらいと思いました。

司会：以上で二次審査を終了します。

上位選出・発表

司会：審査員の方々に１人３票入れていただきます。ここで票が多く集まる人がいるかもしれませんが、それがそのまま金・銀・銅となるわけではありません。

福島：投票結果をもとに議論をしてから結果を決めます。この議論がとても重要です。

森田：全体を通して思ったのは、どの作品もストーリーが美しく、良いことが起こっていることがよく伝わってきました。一方で建築は非常に大きな物体として存在します。それが建てた一瞬だけでなく、将来に向けてどのような影響を与えるのかを建築家は責任をもって考えなければならないと思っています。その中できちんと提案することが前提です。作品が都市の風景をどのように変えていくかに言及していると感じた、山田さん「布置を解く」、北島さん「新・御境内林苑計画」、仁昌寺さん「CAVE STREET 線上の余白」です。

高野：時代の変化に応えようとするときに、新しい建築ができると感じるところがあります。まだ答えにならなくても一生懸命考えて、問いを掘り下げていくことに価値と重要さを感じます。その点から山田さん「布置を解く」、高部さん「みんなでPersonal Water Networkをつくる」、石井さん「遠国は傍らに」を選びました。

畑：私は建築が万能だとは思っていなくて、建築が引き受けることではないこともあると思っています。建築家こそ向き合うべき地に足がついていることが大事だと思います。そこから新たな地平を切り開こうとする志が垣間見られればいい。そういうことから選んだのが髙橋さん「まちを癒やして」、山田さん「布置を解く」、髙部さん「みんなでPersonal Water Networkをつくる」。

福島：今回選んだ理由の1つは二面性です。1つの価値観で押し切ることは卒業設計ではわかりやすいけれど私としては共感できない。二面性、多面性という複数の異なる価値観を抱えて走り続けられるかどうか。もう１つはこれまでにない価値観をいかに創造できるかという新しさ。この2つの考えから、髙橋さん「まちを癒やして」、山田さん「布置を解く」、髙部さん「みんなでPersonal Water Networkをつくる」です。票ではなくコメントだけですが、稲田さん「新しい制服のかたち」は制服という日常的なものを建築に適用していくと面白いものが生まれそうです。本多さん「狂気する祭礼都市」には祭りが未来を切り拓く可能性があります。

第１回投票

［４票］
横浜国立大学・山田伸希「布置を解く」（福島、畑、高野、森田）

［３票］
慶應義塾大学SFC・髙部達也
「みんなでPersonal Water Networkをつくる」（福島、畑、高野）

［２票］
関東学院大学・髙橋梨菜「まちを癒やして」（福島、畑）

［１票］
慶應義塾大学・北島光太郎「新・御境内林苑計画」（森田）
神奈川大学・仁昌寺天心「CAVE STREET 線上の余白」（森田）
明治大学・石井開「遠国は傍らに」（高野）

司会：「みんなでPersonal Water Networkをつくる」に一次、二次とも入れなかった森田さん、ご意見ありますか？

森田：この作品が建築かどうかの議論が必要だと思います。私はこれが建築になり得るはずなのに、できていないことが不満です。都市も住宅も井戸があることで空間が変わるはずです。そこになぜ言及しないのかということで入れませんでした。

福島：このような議論をすることに価値があると思います。「みんなでPersonal Water Networkをつくる」、「新しい制服のかたち」の枠組みは新しいと思います。井戸の提案で3票は大健闘です。私は「新しい制服のかたち」も高評価ですごく迷いました。一次、二次で入れていなかった畑さんどうですか？

畑：2人には類似する評価点があると思います。「新しい制服のかたち」は思考が一貫していて好感をもちましたが、建築が引き受けるべきものなのかが気になりました。制服という制度的な側面や制服の価値を訴えようとしていましたが、建築側の問題として井戸の提案と対立軸にありました。この場で議論するのなら「みんなでPersonal Water Networkをつくる」に建築的な立脚点をみました。

高野：私も迷いました。建築の中で民主化という問題に対して、「新しい制服のかたち」はどのように具体的なところまで引き寄せていけるかに関心がありましたが、「みんなでPersonal Water Networkをつくる」を掘り下げたいと思いました。

福島：稲田さん、今の感想をお願いします。

稲田：学内選考はみんな建築がバックグラウンドですが、一部の人しか建築的な提案をしていません。その中で研究室の先生が、ここに出された私たちの作品を建築という枠組みに押しはめて考えるのかどうかが問われているとおっしゃっていました。

福島：我々が問われているわけですね。だいぶ広げたつもりですが。建築的な思考をもって社会を良くしていけるのであれば、稲田さんのチャレンジはこれに留まらず続いていきそうな気がします。畑さんは投票しなかったけれど気になった作品はありますか？

畑：藤原さん「写真駆動建築 Photo-driven Architecture 'TOKYO/Corner'」です。こういう手法を経なければ生まれないものがあるのではないか。でもプレゼンが風景に溶け込むような話で終わったことが不満です。そうではなく風景に溶け込むように見えながらもある固有の姿を定着し得る、その両方がゆらぎの中でボケたりピントがあったりすることに興味を

もちました。もう1つは薗田さん「まちの鼓動」で、祭りなどふんわりしたことが多いですが、バックグラウンドを含め提案していることをじっくり見ると、かなり実感を伴って境内地とはどういうものかを引き受けようとする姿勢が現れていました。だからなぜ道をゆがめなくてはいけなかったとか、複雑性を帯びた設計について具体的に言及すると良かったと思います。

福島：「まちの鼓動」は設計もしっかりしていますが、その手前でプレゼンが終わったように思います。森田さんが気になった作品はありますか？

森田：髙橋さん「まちを癒やして」は丁寧につくられていることに評価をしました。他の崖シリーズの提案も含めて、崖があってそこに建築をつくりまちをつなぐまではわかります。そこからまちがどうなるか言及していないことが気になりました。

福島：黒沼さん「隙が巡るまち」も鮮やかな提案です。畑さんは崖シリーズで髙橋さん「まちを癒やして」に入れています。

畑：建築と土木は枠組みの問題として社会矛盾があります。それを統合すればこんなことができるということを真面目に捉えていることが良かったし、擁壁の構造をよく考えていて生態系をつなぐ試みまでしている。それぞれの階で断面がまったく違うことも心に響いています。

福島：みんなコンセプトメイクや敷地のチョイスはすごくいいですが、具体的な提案が弱いのが気になりました。荻尾さん「私が奏でるもうひとつの世界の中で。」は私性が強かったですが、どんなプレゼンをすれば良かったでしょう？

森田：私性の表明ができているのは素晴らしいですが、最終的に他者や社会との接続をどのように考えているかの説明がないと、私が好きな私のための空間になるので、もう少し社会への表明があれば違ったかもしれません。

福島：橋や車など設計者がいますが名前は出てきません。建築は大きくて社会的責任が重いけれど個人の名前が出て、個人性からスタートしながらどこかで社会性に転換しなければいけません。

森田：先ほどみんなストーリーが良いと話したのは批判でもあります。もちろん社会的に正しいことが積み上げられてストーリーが出来上がっていきますが、自分が本当にそう思っているかの実感がどこにあるかが見えづらくなります。その点で私性の表明はどの作品でも大事なことなのでみんなもっと主張があっていいと思います。建築が個人の主観を通してモノがつくら

建築的な思考で社会を良くできれば稲田さんのチャレンジも枠組みを超えて続きそうです —— 福島

れていく中で、自分らしさはどこかで表出するし、それが何かを自分自身も読み解きながらプレゼンすることが必要です。社会性の中に自分らしさを隠してプレゼンするのはおかしいし、私性をどう表明するかの態度が必要だと思います。

福島：社会の既成概念を信じすぎるのはダサイけれど、壊せばいいわけではない。間を少しずつ更新していくような部分改良をしていくことが大事だと思います。

司会：次に一次審査を通った他の方についてもコメントをお願いします。

福島：北島さん「新・御境内林苑計画」に1票入れた森田さんお願いします。

森田：これまでの100年とこれからの100年という時間に言及していたことが大事だと思い選びました。100年前の計画は自然と人工を対比的に考えて、人が入らない森こそが美しいという前提でした。今は価値観が変わって人が手を入れる里山や森や山のあり方が共生という考えにシフトしているからこそ、今回の提案が良いと思いました。

高野：長い時間軸のストーリーに対して、人工と自然の関係性がどういう要因でシフトしていくか、想像が追いつかなかったので入れませんでした。

畑：プレゼンの中で、クスノキの苗木を育てるための参道だから役割を終えると建築は消えていくとありました。目的はわかりますが、参道になることが建築として引き受ける問題を曖昧にしているように思えました。堂々と参道として残るなら残るのでいい。建築が内部空間を帯びているとか役割を果たしているとかファンクションがなくても、建築は社会構造の一部として位置づけることができると思いました。

福島：自然や森は大事で難しいテーマだと思います。少し前は人工対自然という二項対立がありましたが、どうもそうではなさそうだとなってきました。明治神宮の森が人工だと気づいたことは鋭い切り口だと思う半面、建築が消えていくと話していましたが建築をつくるとなかなか消えないし、つくった責任があります。機能は変わっても残っていていいと思いました。そこに二面性というより一面性を感じました。次は一次で3票入っていた仁昌寺さん「CAVE STREET 線上の余白」について、一次と二次どちらも入れた森田さん。

森田：二次審査のときに形態を操作するという説明が入ったことで2人の票を失ったと思います。私もスラムの形態をピックアップしてくる手法がいいとは思いませんでした。し

何に魅力を感じて何を大事に引き継ぐかの表明が大切。手法を取り出しただけに見えるのがもったいない —— 森田

かし説明の仕方を変えれば空間も設計手法としても大事なものになるはずです。最初にスラムの何に魅力を感じて何を大事に引き継いでいくということの表明があるべきです。それがあって、その空間がいかに豊かで災害後もみんなのコミュニティを維持するというストーリーだと思うので、その表明がないまま手法として取り出してきたように見えることがもったいないと思いました。

福島：スラムというとクリアランスすべきだと考えてしまいますが、実際にはいろいろな状況があります。むしろ誇りに思っている人たちもいます。

畑：スラムはファッションではなくて、抜き差しならないことで起きているので、我々が遠目から見てかっこいいもの、興味深いと眺める対象なのかが気になりました。愛があるなら、ここに何かあったときに壊れない仕組みの提示があれば良かったのですが、そこが読み取れませんでした。

高野：アウトプットされたものに共感したので一次で票を入れました。単体の建築の提案というより、都市の文化の問題だと思いました。都市の中で、文化性を纏っているからこそ提案したものができてくると思います。急に象徴的に現れるものではなくて、でき方の仕組みがあるからこそ、あの姿が出てくると思うので、形態の操作ということには違和感を覚えました。

森田：ここではタワーではなく、補強した壁を見るべきです。無筋のコンクリートブロックは崩れますが、提案では避難経路を守ろうとしています。それがどこにどのように設定されるべきかの分析がこの作品の真骨頂だと思います。

福島：野心作だし、愛もあるでしょう。ただスラムを扱う場合は社会正義も背負うので、しっかり根ざしていかないと。同じように一次の3票から二次で高野さんの1票となった石井さん「遠国は傍らに」について。

高野：現代は社会や国際情勢を含めて、揺らいでいる時代だと感じています。その中で、それらが記号的なものなのか、そうではない可能性があるかの投げかけをしているところが興味深いです。ある記号性を帯びても土地に根ざしたつくられ方をすることによって意味が変わってくるという話だったので、今後展開する可能性があると思いました。

福島：二次で入れなかった森田さん、どうですか？

森田：ポスターセッションでは、国らしさをすごくポジティブに捉えていることに興味をもちましたが、プレゼンではボーダーの話がありました。ボーダレスの関係性を目指すときに、「何とからしさ」を前提にすることに矛盾を感じました。

福島：私もプレゼンを聞いてから票を入れませんでした。設計としての評価はしているので一次で3票入ったと思います。政治的なテーマなので取り扱いは難しく、プラスに思っていたことがマイナスにつながることもあります。2つの場所をつくる必要があるのか、もっと簡便な方法で見えない国境を顕在化させる、もしくはそこを豊かにすることがあるのではと感じました。畑さんは一次も二次も入れていませんね。

畑：テーマが秀逸です。境界の向こう側とこちら側を見つめ、その境界線を膨らませた場所を小さくてもつくりましたが、もし本当にそこに興味があるとすれば、ここでこういうことが起きるのではないかというビジョンを示すことが必要だと思いました。だからこそ厳しい目でみたのかもしれません。

福島：テーマが面白いほど、こちらの解像度が上がったり、テーマがシリアスなほど抵抗感が出ることがあるのかもしれません。プレゼンテーションの仕方や言葉の選択によっても変わってくると思います。これで二次で1票となった3作品の議論が終わりました。次に二次で複数票入った作品について。まず、4票入っているのが山田さん「布置を解く」ですが、懸念点はありますか？

高野：大事な問題にアプローチしていると思います。その上で、朽ちてもう1回変遷するプロセスが生まれていくことに対してどこまで織り込んでいるのか。織り込む必要があるかも含めて、どれくらい意図的に仕掛けるのかどうかが懸念点です。

福島：高野さんと森田さんは谷中のプロジェクトも経験しています。既存建物を生かしながら新しいものを追加していく、たとえば1つの柱を決めるだけでも悩むと思います。このような提案はしやすいですが実際にはとても大変です。

森田：まちでいろいろなものをストックして相互に活用しあうことはよくあります。続いていくためには人がいないとだめですね。クライアントすらいなくなるかもしれないので、どう続いていくのか、続き方をしていったらいいのか。少し美しすぎるストーリーのまま終わっているのが気になりました。

畑：最初は単管など比較的よく見る手法で架設的な状況を表現していると思いました。プレゼンを聞いていると少し違う視点があると思い始めました。例えば廃屋は保留ではなくて死んでいる状態とも言えますが、終わったのか始まるのかで見るのではなく、見立ての問題として全部保留化されたプロセスの中にあると、見た瞬間に物事が違うものに読み替えられると言っているように思えてきました。石が積まれているのを保留と呼び、廃屋や元旅館も保留と呼んでいますが、そ

ういう見立てによって動的な連関の中にそれを溶け込ませようとすることが非常に新しい。そういう目で見たときに「布置を解く」という言い方がしっくりしてきました。

福島：概念は非常にいい。保留の見つけ方もわかってきましたが、解き方に関しては図面と説明からはわからない。もしクライアントが変わったら、建築家がいなくなったら、この保留の概念は続けていけるかの方法論は提示されていないと思います。クライアント、建築家が変わっていくときの継続の仕方について教えてください。

山田：これまでの歴史を含めて全部を肯定するとなったときに、保留をパフォーマティブにまちに示すことで、クライアントや自分がいなくなっても保留だけが残り、違う人が違う見方をするのは面白いと思います。

福島：極論言うと、壊してしまおうと言われないような仕組みが保留や解く側にないとどこかで壊されてしまう。その秘密の何かがここに掛けられているのでは。

山田：保留するだけなら個人的なものになりますが、保留が公共性をもつことに面白さを感じています。個人的だったものも地域に開かれて、地域のみんなで保留物を共有していく

と考えていました。

畑：ヨーロッパでは石造の建築物は100年、200年保留しています。100年後にもう一度聖堂に生まれ変わったりする事例をいくつも見ます。山田さんの提案は廃屋などだからクライアントや維持する人がいなくなったときにどうなるだろう。そこに石などの魔法ではない何かがあったとすれば保留にできる。それはすごいことだと思います。

高野：みんなが大事にしたいというジェスチャーによって保留物として可視化されることに可能性があると思います。何がどれくらいのタイムスパンで残る、あるいはなくなることの想定は一様ではないと思います。そこの設定がもう少し具体化されるといいと思います。

福島：もしこの作品が全国にいくとすると、そういう具体性がほしいですね。次に3票入った高部さん「みんなでPersonal Water Networkをつくる」について、高野さんはどうですか？

高野：この提案が次の視座を見せてくれるものなのかが重要になると思います。

畑：強く推したい案です。インフラの民主化は本当に考えな

くてはいけない時代になっています。そこで水の問題に着手していることは面白い視点だし構築的だと思いました。ただ、櫓がよくつくられているのに対して説明がないのが少し不満です。

高部：はい、徹底的にデザインしました。1×1m四方の櫓に入れば1日中掘ることができるように合理化しています。民主化を図るうえで、部品もホームセンターで揃うようにしました。

福島：これは建築ではないという意見はもちろんあると思います。

高部：鉄は鉄鉱石から生成して、やがて朽ちて鉄くずになり、原木は使いやすく製材し、やがて朽ちていく。その物質の流れの中に建築があると思っています。水は建築を支える1つの構成要素になるとも捉えています。そこが現代では、インフラが整備されることによって我々は考えなくてもよくなりました。一方でインフラと建築が分かれている状態だと、建築のできることが狭くなっていると感じています。自立化したインフラをもとにどういう建築がつくれるかを引き続き研究していきたいと思っています。

福島：では唯一票を入れていない森田さん。

森田：私にはこれが空間や建築のデザインに見えているからこそ、建築がないことが気になっています。

福島：そこが面白さでもありますね。最後に髙橋さん「まちを癒やして」の作品。畑さんは先ほど話されましたが、補足があればお願いします。

畑：土木というインフラの上に建築を連続的に描いたと思います。擁壁が新しい土木とも、新しい建築ともとれます。土木というインフラと建築との接続が、非常に魅力的です。

福島：インフラと建築が融合する提案をしているのだと思います。

高野：設計の密度、土木的アプローチを含めすごく良いと思います。気になるのが擁壁に覆い被さっている建物が、土木と建築というより、建築が上に載っているだけのようにも見えるところです。

森田：プレゼンを聞いて丁寧に設計していることがよくわかりました。最後の3票には入れなかったけれど推しの作品です。

福島：この誠実さは評価したいですが、プレゼンでもう少し推してほしいというか、私性が足りないようにも思いました。これで二次に進んだ方たち全員のコメントが出ました。

最終投票

司会：それでは金・銀・銅を決めていただきます。

福島：これまでの議論の内容から、二次審査で複数の票を得

©JIA神奈川

た人が選ばれることはほぼ確定ですね。

高野：ここからは合議でもいいと思います。

福島：山田さん「布置を解く」は現状では少し弱いですが、解像度を上げることができれば全国で注目を集めると思います。

高野：髙橋さん「まちを癒やして」は熱量があり素晴らしいけれど、議論の投げかけとしては少し弱い気がしています。プレゼンも含めて髙部さん「みんなでPersonal Water Networkをつくる」は全国に出たときにいろいろな波紋を呼ぶという印象です。

森田：ここでは一番良くできているものを決めたいのではなくて、これからの建築について公の場で語り合うためにこのような賞や会があります。その意味では「みんなでPersonal Water Networkをつくる」はいろいろな議論を呼ぶ可能性が高いと思います。

畑：「まちを癒やして」がいいと思っていましたが、「みんなでPersonal Water Networkをつくる」のパーソナルインフラというテーマの重みが作者の姿とあわせて重要な議論だと思うようになってきました。

福島：今の流れにより決めさせていただきます。JIA神奈川の審査会として金賞が山田伸希さん「布置を解く」、銀賞が髙部達也さん「みんなでPersonal Water Networkをつくる」、銅賞が髙橋梨菜さん「まちを癒やして」です。

司会：金賞、銀賞、銅賞が決まりました。おめでとうございます。金賞と銀賞は全国大会に進んでいただきます。続いて審査員の方々の賞も出していただきます。二次審査を通っていなくてもいいことになっています。森田さんからお願いします。

森田：北島光太郎さん「新・御境内林苑計画」です。

高野：石井開さん「遠国は傍らに」です。

畑：黒沼和宏さん「隙が巡るまち」です。

福島：一次で私しか投票していなかった岡田海渡さん「都市の深層を剥く」もいいかと思いましたが、本多空飛さん「狂気する祭礼都市」です。

司会：では受賞の喜びをお願いします。銅賞の髙橋さんから。

髙橋：前期から熱量あげて取り組んだ作品なのでとても嬉しいです。

高部：私がこれまでもやもやしていた、どう建築とつなげるかということをこの場で言及していただけたことがとても嬉しかったです。大学院でもちゃんとやっていかなければいけないと引き締まりました。

山田：私は学内でもこれを出したら怒られると思いながらだったので、今日も金賞をいただいてびっくりしています。大学には建築界のボスがたくさんいらっしゃって、そういう方たちと壁打ちのように何回もやり取りしてきた成果が出たと思います。1年間この保留に取り組んでいたら大学の単位を保留してしまい、あと半年4年生です。少し時間はできるので今回いただいた改善点を真剣に考えたいと思います。

Prize-winning Works

受賞作品

THE 35th
**GRADUATION
ARCHITECTURE
COMPETITION**
7 UNIVERSITIES and
1 VOCATIONAL SCHOOL
in **K A N A G A W A**

布置を解く

保留の作法を用いた集落の組成の組み換え

設計主旨: 歴史の変遷とその遺産を「保留」し、その存在を「布置」と捉える。その配置の操作によって社会的に忘却された場を新たな組成へと組み換える試みである。つくば市筑波のような地方集落では、高齢化や人口減による活力の喪失、伝統の喪失と無秩序な新しさに対する無抵抗さなどにより地方の無個性化が起こっている。時代の変化に反応しながら変化し続けるこれらの建築は、各時代の目撃者としてそれらを記録しながらその土地の個性を引き継ぎ続ける。

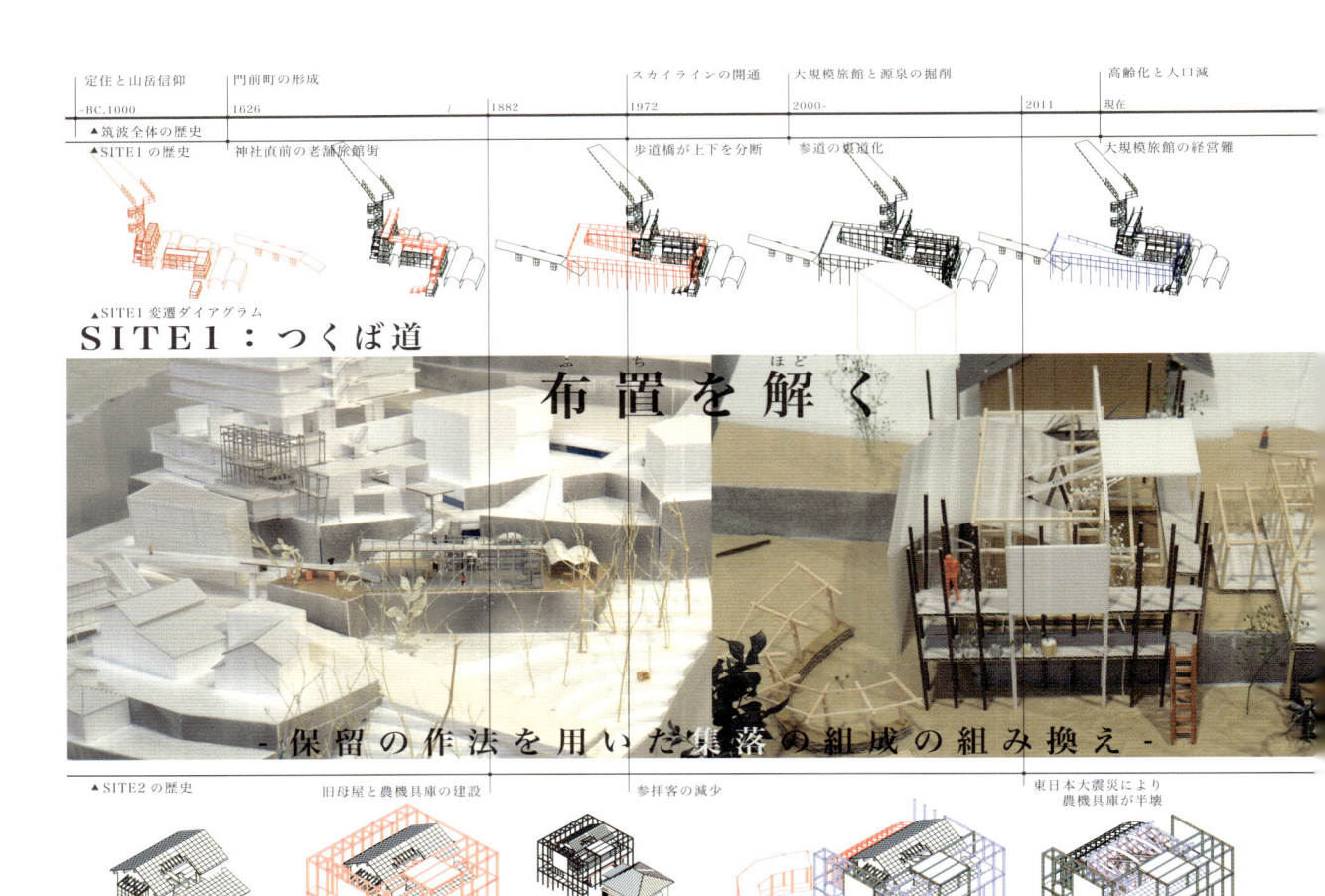

▲筑波全体の歴史

定住と山岳信仰	門前町の形成			スカイラインの開通	大規模旅館と源泉の掘削		高齢化と人口減
~BC.1000	1626		1882	1972	2000~	2011	現在

▲SITE1の歴史 神社直前の老舗旅館街 歩道橋が上下を分断 参道の裏道化 大規模旅館の経営難

▲SITE1 変遷ダイアグラム

SITE1：つくば道

布置を解く

-保留の作法を用いた集落の組成の組み換え-

▲SITE2の歴史 旧母屋と農機具庫の建設 参拝客の減少 東日本大震災により農機具庫が半壊

▲SITE2 変遷ダイアグラム

SITE2：旧小林邸農機具庫

概要 OVERVIEW 歴史の痕跡を解く

プロジェクト概要

本プロジェクトでは、歴史の変遷とその遺産を「保留」し、その存在を「布置」と捉えることから始まる。その配置の操作によって社会的に忘却された場を新たな組成へと組み換える地方集落のこれからのあり方を考える。

つくば市筑波のような地方集落では、高齢化や人口減による活力の喪失、伝統の喪失と無秩序な新しさに対する無抵抗さなどにより地方の無個性化が起こっている。はたして、繰り返し壊されてきたものたちは本当の意味で壊されるに値したのだろうか。

時代の変化に反応しながら変化し続けるこれらの建築は、各時代の目撃者としてそれらを記録しながらその土地の個性を引き継ぎ続ける。

布置

「絵具を置く。線を引く。そのたびごとに絵の全体の姿が変わる。強くなったり曖昧になったりする。結果は完全には予測できない。一筆ごとに絵の惹きつける強さが変わる。つまり形には「力」がある。形を構成する諸要素の具体的で特定の配置―これを「布置（disposition）」と呼ぼう［…］物体の布置そのものが力を生む」
（平倉圭／社会・人文学者／『かたちは思考する』）

□ **disposition** 1.【不可算名詞】物の空間的配置
2.【不可算名詞】人の気質、事物の傾向性（～しやすさ）

参考：ジャクソン・ポロック《秋のリズム（ナンバー30）》
アンリ・マティス《夢》とその制作プロセス

山田 伸希
Nobuki Yamada

横浜国立大学
都市科学部 建築学科

敷地　PROJECT SITE　大と小が混在する集落

対象地：茨城県つくば市筑波

▲ 近代開発の遺構

▲ 門前町の痕跡

▲ 筑波村航空写真

敷地は筑波山神社の門前町。山岳信仰によって栄えた集落である。

1972 年、県道が神社まで通されたことで神社周辺で再開発が起こる。それ以後県道以下の門前町は頭を切られた胴体のように門前町としての機能を失っている。小学校は廃校になり、まちにはかつての民家、再開発時代の大規模建築、現在は車通りが減った県道などが混在する風景が広がっている。現在、そうした様々な時代の遺構は断片として当時の痕跡を物語るように集落内に混在している。

研究　RESEARCH　集落の作法 - 保留の風景 -

椅子が機能している

保留

とりあえずここに置いておこう

椅子が壊れる

まちに共有される宝になる

所在の曖昧化

▲ 保留が公共性を持つプロセス

保留という態度

筑波を歩いていると、一見無駄のように感じられるモノが多い事に気がつく。それらは盗まれてもおかしくないような場所に置かれたり、邪魔なようにも感じ、住人に聞くと特に意味もなく置いているのだそう。しかしそれらはまちのなかで一定の秩序を持った雑多さとして風景を構築している。ここではこの、特に必要でもないのだが様々な理由でとりあえず置いておく行為を「保留」と定義する。

手法　METHOD　集落の作法に則り、場を組み換える

配置としての布置

既存の建築や地形、もしくは風などの環境要因はこのプロジェクトにとって最も重要な布置である。

今回の 2 つの敷地はこの布置がうまく機能していない（≒保留されている）場所である。それらの配置や繋がりを変化させることで、新たな関係性を生み出すことを試みる。

また、新たに挿入されるものは保留物を単に消費するのではなく自らも保留物として将来組み換えの対象となる。

ex.) SITE 1 では、参道を囲んで空き地、使われていない歩道橋や旅館の社員寮が配置されており、参道が裏道のようになっている。これらの繋がりを変化させ同じ全幅 2 m の参道を豊かな空間に組み換える。

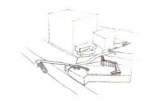
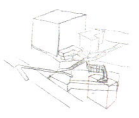
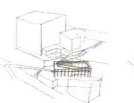
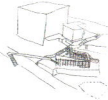

▲ SITE 1 の組み換えの変遷

傾向性としての布置

孔が多い形は風が通り抜け草が絡まりやすい。石が積まれたマウンドは砂のそれよりも崩れにくい。こういった性質と形から生み出される物質の傾向性はその場を形成する重要な要素である。

ex.) SITE 2 では、朽ちかけている小屋を鉄骨による構造補強と木造による足場をかけている。小屋は土壁が剥がれ落ちるとともに空間が多孔質化していきそこに草木が絡まり朽ちていく。足場もそれと時期をずらして朽ち、鉄骨のみが長く残る。１００年後、そこには小屋は存在しないが鉄骨が場を作り小屋の痕跡だけが受け継がれる。

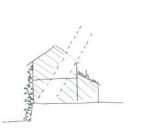

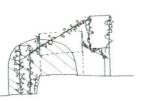

▲ SITE 2 の組み換えの変遷

ＳＩＴＥ１：つくば道

Phase0. (t=2023.11) 2つの事件によって分断された参道
用途：参道

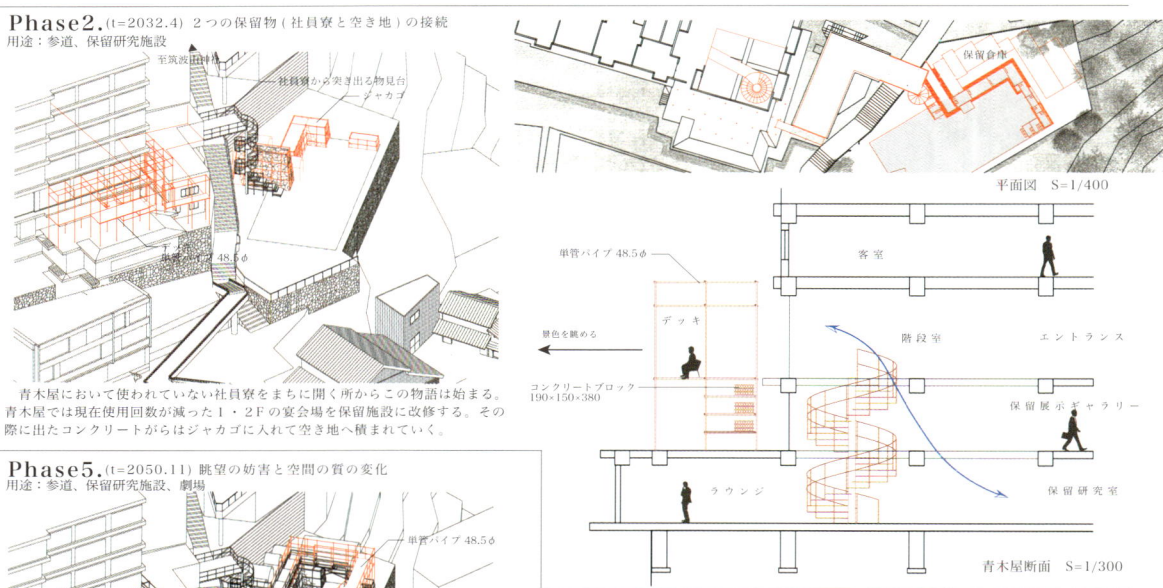

1つ目の敷地は明治の遊郭建築、昭和の大規模旅館などが混在する参道である。つくば道沿いの門前町として栄えた筑波村だったが、1972年の 県道（スカイライン）の開通により観光客は神社や登山口のある神前前まで車やバスで来れるようになった。それによって筑波村の門前町としての賑やかさは失われ、空き家が増えている。その一方神社前は観光商売地として発展し 大規模旅館 が次々建設され、敷地横を通る参道は裏道のように神社直前の神秘性を失っている。このように県道の建設と大規模旅館建設という 二つの事件によってつくば道は神から完全に分断された。

明治初期 栄えていた門前町　1949年 開発前夜　1980年 スカイラインの開通　現在 大規模旅館と車社会

Phase2. (t=2032.4) 2つの保留物(社員寮と空き地)の接続
用途：参道、保留研究施設

青木屋において使われていない社員寮をまちに開く所からこの物語は始まる。青木屋では現在使用回数が減った1・2Fの宴会場を保留施設に改修する。その際に出たコンクリートがらはジャカゴに入れて空き地へ積まれていく。

平面図　S=1/400

青木屋断面　S=1/300

Phase5. (t=2050.11) 眺望の妨害と空間の質の変化
用途：参道、保留研究施設、劇場

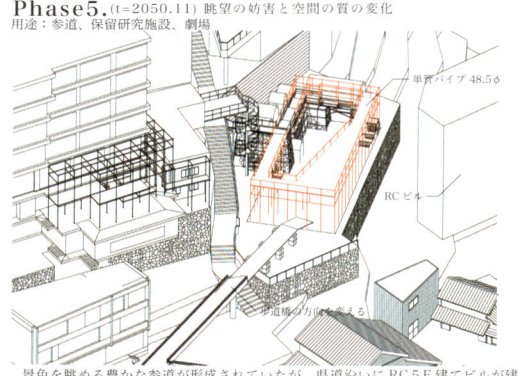

景色を眺める豊かな参道が形成されていたが、県道沿いにRC5F建でビルが建つことを想定する。2つのRCビルに囲まれ谷地のようになった空き地は谷性を強調するような囲いを纏う。それまでの開かれた空間と異なり、親密な空間に変化する。このように、保留された空間は外的要因にも反射的に形を変え、そこでの行為も変化させる。

空き地断面　S=1/500

Phase7. (t=2103.9) 内向的空間の暴露とその反応
用途：参道、保留研究施設、ハレの空間

時間の経過の中で、単管パイプの囲いは部材を交換しながら動的平衡を保つ。一方RCビルはその耐久性の問題で解体され、それまで親密な空間を形成していた空き地は突如として外界に晒される。この時、見る見られるの関係を持っていた劇場は外界と関係をもちハレの空間へ読み替えられる。

SITE2 : 旧小林邸農機具庫

Phase0. (t=2023.11). 環境と同化していく無名の小屋
用途：なし

もう一つの敷地は筑波村西山地区に建つとあるお宅。敷地内には築150年を超える母屋が建ち、この地域一体を仕切る地主の邸宅であった。そんな豪邸の奥に、ひっそりと名もなき小屋が建っている。それは四周をツタによって覆われ、近寄ってみると 屋根の中央にポッカリと穴が 空いている。土壁が剥がれ落ちているその内部は **今にも壊れそうな緊張感と共に、無名の建築が環境と同化していく美しさがあった。**

▲ 屋根の一部が落ちている　　▲ 土壁が剥がれ落ちている　　▲ 現状：敷地の奥に小屋と離れが配置。一段落ちた所は畑。

Phase1. (t=2025.3). 構造補強と大きなヤギの小屋
用途：大きなヤギ小屋、農機具倉庫

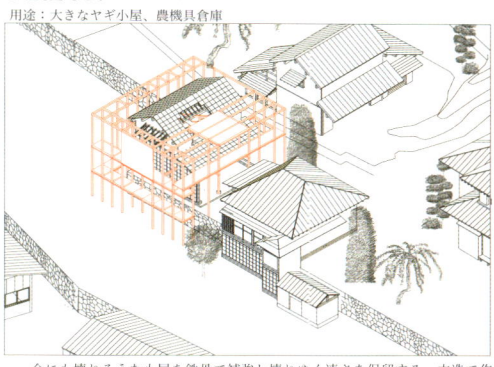
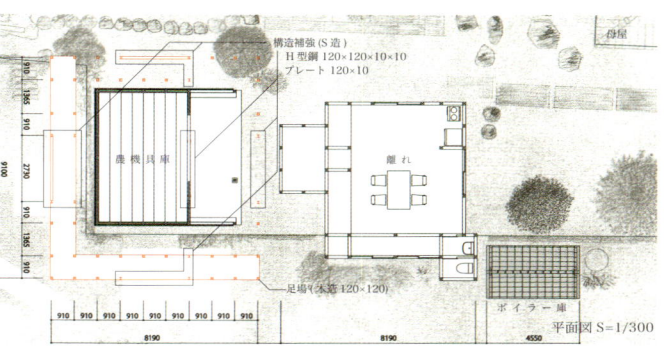

構造補強（S造）
H型鋼 120×120×10×10
プレート 120×10

農機具庫　　離れ　　母屋　　農機　　畑

足場（本柱 120×120）　　ボイラー庫

平面図 S=1/300

今にも壊れそうな小屋を鉄骨で補強し壊れゆく速さを保留する。木造で作られた足場は工事中は大工が使い、工事後はここで飼っているヤギのための大きな小屋となる。ヤギは小屋に張った草を食べると共に小屋の侵食を弱める。

Phase 3. (t=2038.6). ヤギの死と公共への解放
用途：花屋、ギャラリー、農機具庫

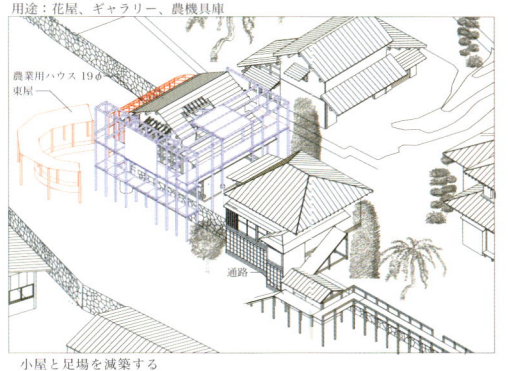

農業用ハウス 19φ
束屋

通路

小屋と足場を減築する
Phase2でヤギが死んだ事により小屋の侵食が再び増し、小屋を少しずつ減築していく。一階部分の下見板や土壁は少しずつ取払い、内と外が繋げられていく。減築した部分には農業用ハウスの鉄骨材を用いて畑の延長として花屋を営む。

Phase 4. (t=2046.6). 屋根の切断と図と地の反転
用途：花屋、ギャラリー、農機具倉庫

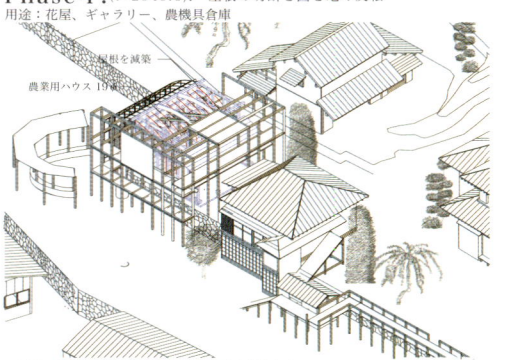

屋根を減築
農業用ハウス 19φ

小屋の屋根が取り払われる。足場を減築する
小屋の腐食は徐々に進みついに屋根が切断される。これにより元々内部であった小屋部分は足場の中庭となるように図と地が反転する

Phase1 断面 S=1/300

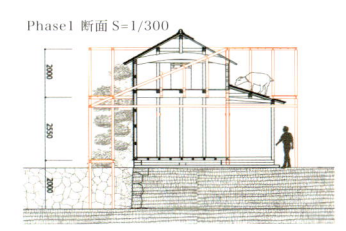

2000 / 2530 / 2000

Phase3 断面 S=1/300

農業用ハウス 19φ

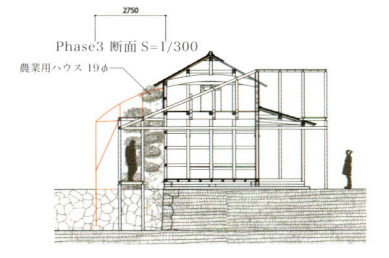

2750

Phase4 断面 S=1/300

農業用ハウス 19φ

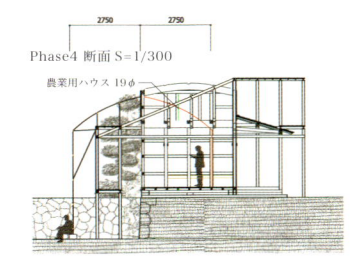

2750 / 2750

みんなでPersonal Water Networkをつくる
自律分散協調型水供給インフラの整備と普及

設計主旨：既存の水インフラである水道システムのオルタナティブな選択肢として井戸を掲げ、自律分散協調型インフラとするべく、慶應義塾大学SFCキャンパス内に一年で三基の整備を行った。井戸づくりのノウハウをまとめ、一人二万円三日間で整備できるマニュアルを作成し、「インフラの民主化」を図った。数百メートル圏内にある三基の井水の味が異なることが、大変面白い部分であり、飲み比べや好みの井戸が生まれることが予想できる。

① 森アトリエ前井戸
② 体育館前井戸
③ SBC前井戸

みんなで PERSONAL WATER NETWORK をつくる
自律分散協調型水供給インフラの整備と普及

自 井戸を掘ってみる
分 これだけの道具で井戸が掘れる
協 オンライン井戸マップ

自 1基半年の時間をかけて整備
分 井戸掘り完全理解マニュアル
協 水の味の違いを楽しむ

髙部 達也
Tatsuya Takabe

慶應義塾大学SFC
環境情報学部 環境情報学科
松川昌平研究室

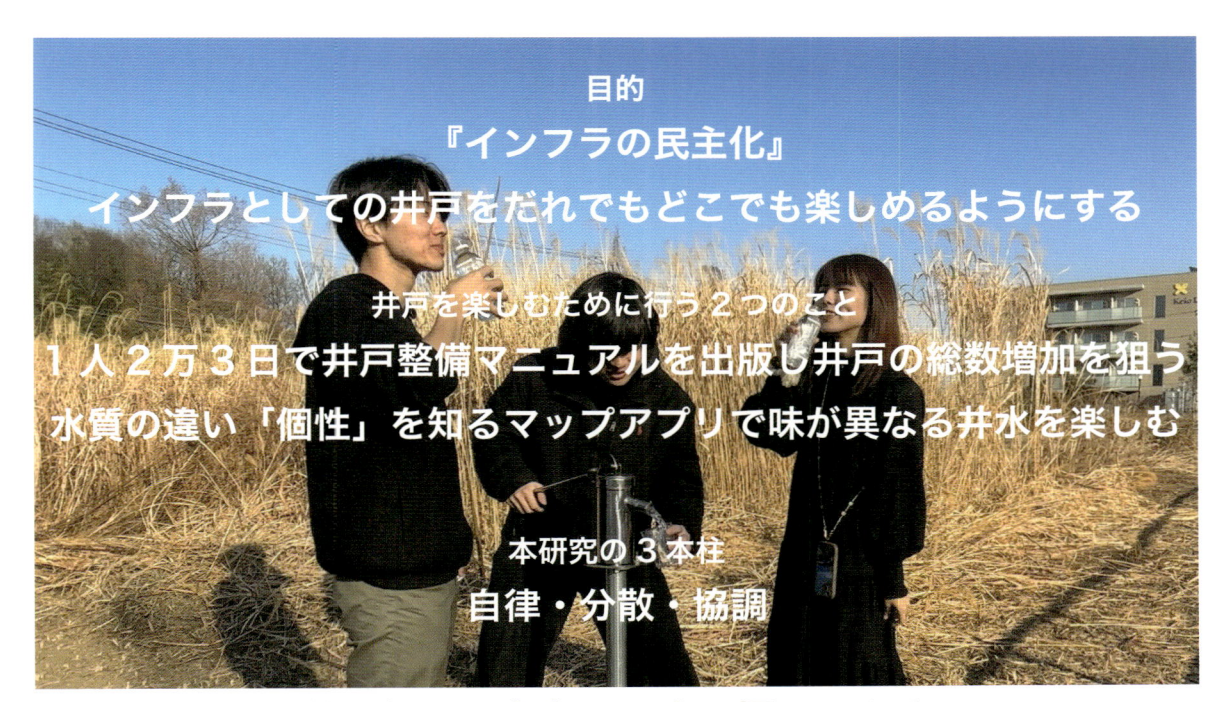

目的
『インフラの民主化』
インフラとしての井戸をだれでもどこでも楽しめるようにする

井戸を楽しむために行う2つのこと
1人2万3日で井戸整備マニュアルを出版し井戸の総数増加を狙う
水質の違い「個性」を知るマップアプリで味が異なる井水を楽しむ

本研究の3本柱
自律・分散・協調

自律　井戸の価値を知り、実際に1人で掘ってみる

■ 自律的に駆動し、分散化可能なインフラである井戸を実際に掘削・整備する

井戸は自律的なインフラである　地面に穴を穿つだけで水を得られる　帯水層まで穴を穿つ方法を広く共有することで、簡易的に整備でき、基数が増加する　地層によって水質や味が異なる点で、井戸水には多様な個性がある　水道と併用することで、水インフラ全体の冗長性が増す

① 森アトリエ前井戸　深度：9.3m　整備期間：187日
初めての井戸掘削を1人で行った　明治時代に行われていた『大坂掘り』や『上総掘り』など様々な工法を試行し、1人で安価に、省力化可能な井戸掘削工法の開発を行った　最終的には電動ドリルでのオーガ回転掘削に至った

分散　1人2万3日井戸整備本を作りインフラの民主化を図る

■ 2・3号井戸の掘削を通じて工法を洗練させる　■ ホームセンター・amazon で部材を調達する

② 体育館前井戸　深度：9.8m　整備期間：59 日
③ SBC 前井戸　深度：3.8m　整備期間：3 日
3 基の井戸整備によって、半年かかっていた井戸整備を
3 日で完了させた　3 基の井戸から出る水は全て水質や
味が異なっており、飲み比べをして楽しむことができる

マキタ社製電動ドリルに加え、掘削を容易にするための
単管フレームを制作し、オーガドリル回転掘削を行った
使用部材は全てホームセンター / amazon で購入できる
ようにし、井戸整備のハードルを下げている　写真中央
のフレームには車輪をつけ、搬入搬出を容易にしている

■ 『井戸掘り完全理解マニュアル』　井戸掘りの知識経験を全てオープンにする「インフラの民主化」

井戸掘りの全てを 150 ページに記載

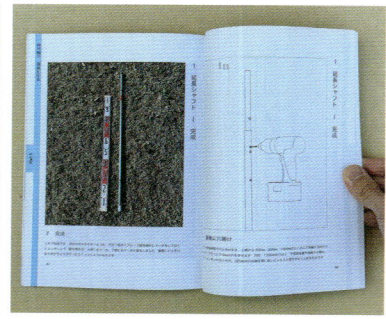

使用部品の作り方も順を追って記述

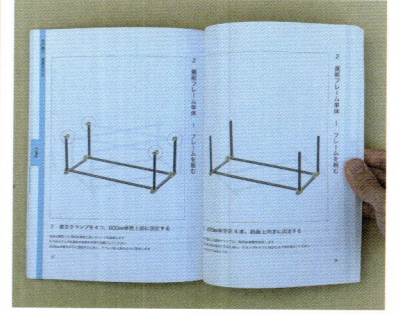

掘削に用いるフレームの組立手順図

部材の全てを一人一度で運べる

井戸掘削後の給水管挿入時の様子

1 号井戸掘削で失敗した工法も記述

協調　マップアプリを利用し、様々な個性を持つ井戸水を楽しむ

■ PersonalWaterNetworkMap を利用する　■ センサ・ソーラー・バッテリでデータを送る

登録された井戸所在地のほか、現在の貯水量・揚水量をスマホから確認することのできるオンラインマッピングサービス　水質検査結果なども見ることができるため、気になる井戸の水がどういった特徴なのかを知ることができる　左下 QR コードから即時データにアクセス可能

オンラインマップを支えるセンサ・電源システム　水圧・水流センサによって井戸の状況をセンシングし、ソーラーパネル・バッテリーによって昼夜問わず２４時間最新データを更新し続ける　大容量バッテリーにアダプタを接続すれば、災害時には水・充電ステーションとなる

■ 水質検査を行い、水の個性を知り、水を飲み・使い比べて楽しむ

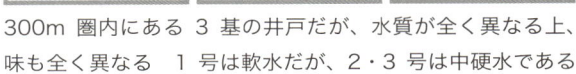

300m 圏内にある 3 基の井戸だが、水質が全く異なる上、味も全く異なる　1 号は軟水だが、2・3 号は中硬水である

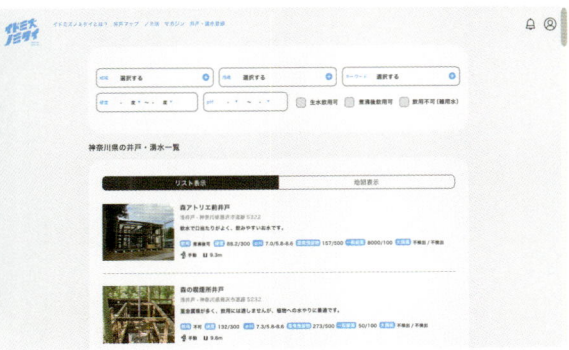

まちを癒やして

設計主旨：石川町二丁目では、地形やその町が保有する流れの問題にあわせて工夫しながら生活している。そういった状況に対し、建築でその流れの問題を調整できないだろうか。既存擁壁をフリーフレーム工法の擁壁で補強し、それに沿って町を繋ぐように本建物を配置することで、交通に選択肢を持たせ、人々の居場所にもなる。一時的に保水するこの建物は町の湿気の量を調整し、人々の生活に緑を寄り添わせる。町と人に使われ、日々の生活にほんの少しの豊かさをもたらすことを期待する。

－まちの保有する「流れの問題」を調整し、
人々の生活に豊かさをもたらす図書館をはじめとするパブリックスペース－

01. 背景
石川町・元町・山手の航空写真
石川町・元町・山手の地域には、尾根・谷戸が続く特有の地形がある。

02. 敷地
神奈川県横浜市中区石川町2丁目

03. リサーチ（10のコト） 石川町駅が近く、商店街が町内の中心を通るこの場所は、人の往来が多く、周辺に学校が多くあり、開発が望まれているが、その特有な地形により様々な流れの問題が発生し、まちと人が停滞している。

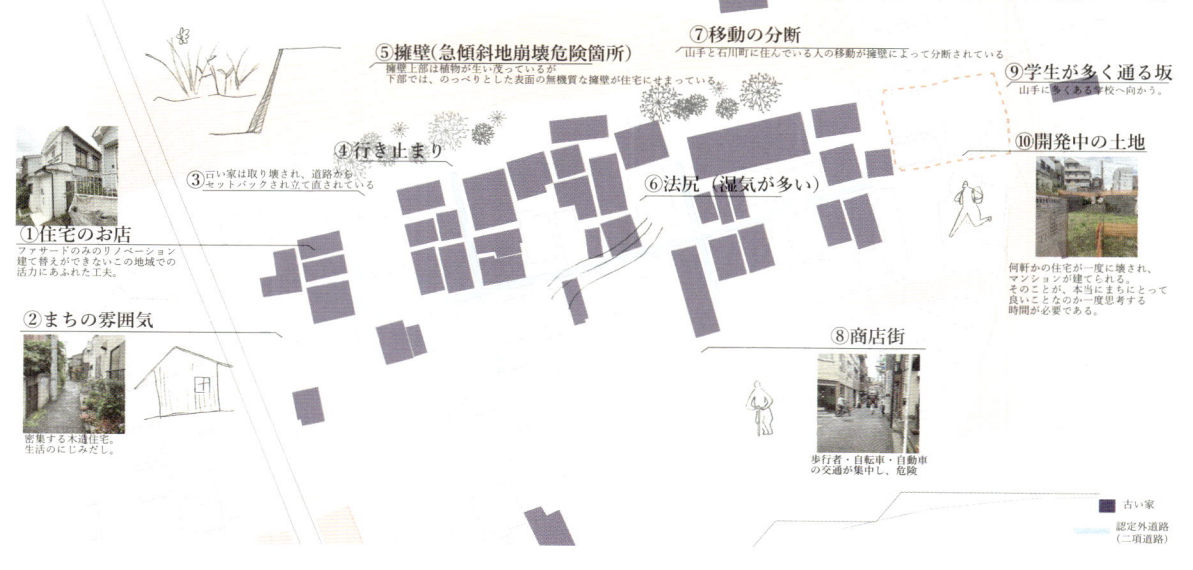

⑤擁壁（急傾斜地崩壊危険箇所）
擁壁上部は植物が生い茂っているが下部では、のっぺりとした表面の無機質な擁壁が住宅にせまっている。

⑦移動の分断
山手と石川町に住んでいる人の移動が擁壁によって分断されている

⑨学生が多く通る坂
山手に多くある学校へ向かう。

④行き止まり
③古い家は取り壊され、道路からセットバックされ立て直されている

⑩開発中の土地

⑥法尻（湿気が多い）

①住宅のお店
ファサードのみのリノベーション建て替えができないこの地域での活力にあふれた工夫。

何軒かの住宅が一度に壊され、マンションが建てられる。そのことが、本当にまちにとって良いことなのか一度思考する時間が必要である。

②まちの雰囲気
密集する木造住宅。生活のにじみだし。

⑧商店街
歩行者・自転車・自動車の交通が集中し、危険

■ 古い家
　認定外道路
　（二項道路）

髙橋 梨菜
Rina Takahashi

関東学院大学
建築・環境学部 建築・環境学科
粕谷淳司研究室

04. 建築で流れの調整を行う

流れの問題の要素の分類 → 今後起こりうる不調・現在の不調 → 提案と今後の展望

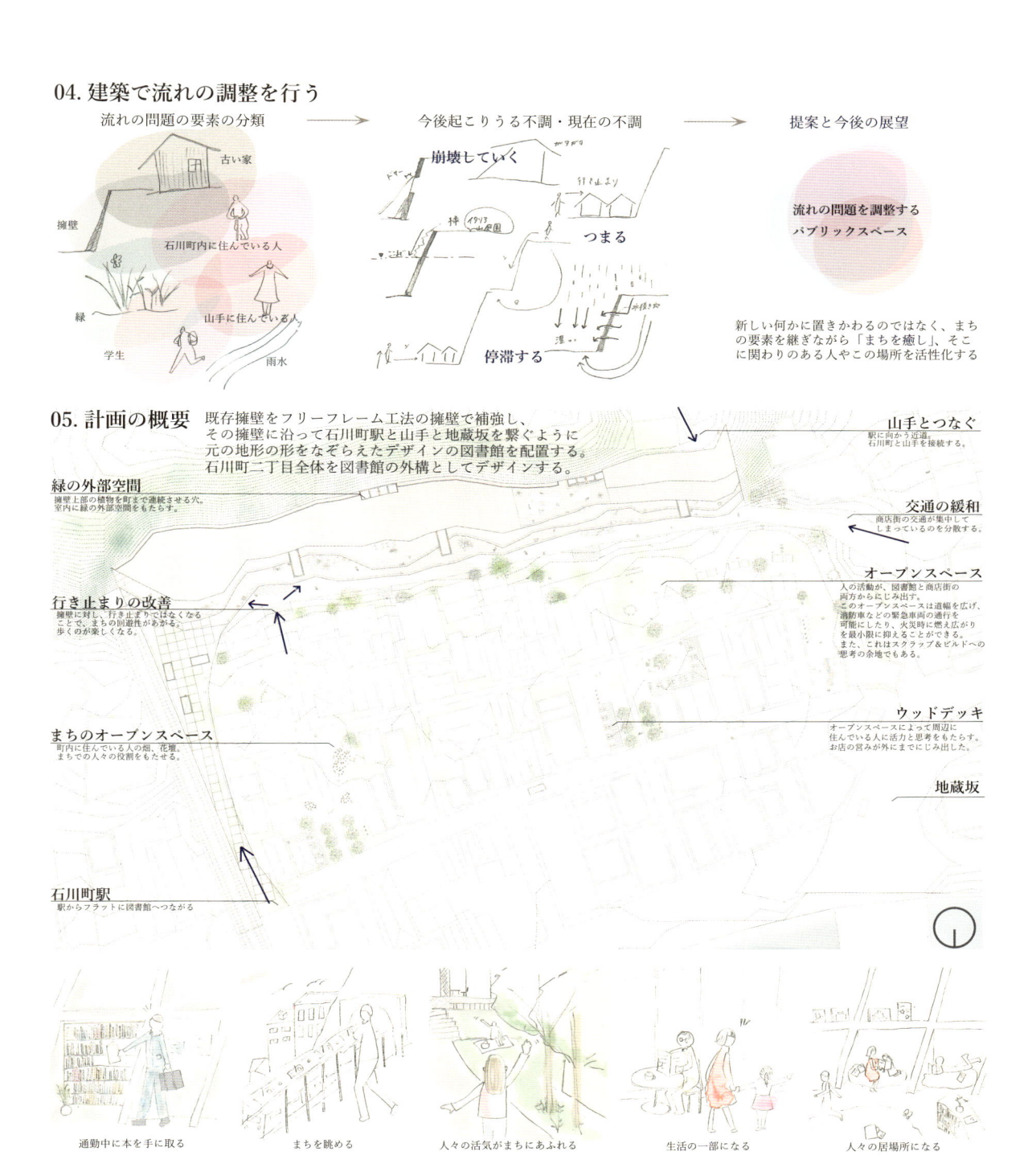

古い家

擁壁

石川町内に住んでいる人

緑

山手に住んでいる人

学生

雨水

崩壊していく

つまる

停滞する

流れの問題を調整する
パブリックスペース

新しい何かに置きかわるのではなく、まち
の要素を継ぎながら「まちを癒し」、そこ
に関わりのある人やこの場所を活性化する

05. 計画の概要

既存擁壁をフリーフレーム工法の擁壁で補強し、
その擁壁に沿って石川町駅と山手と地蔵坂を繋ぐように
元の地形の形をなぞらえたデザインの図書館を配置する。
石川町二丁目全体を図書館の外構としてデザインする。

山手とつなぐ
駅に向かう近道。
石川町と山手を接続する。

緑の外部空間
擁壁上部の植物を町まで連続させる穴。
室内に緑の外部空間をもたらす。

交通の緩和
商店街の交通が集中して
しまっているのを分散する。

オープンスペース
人の活動が、図書館と商店街の
両方からにじみ出す。
このオープンスペースは道幅を広げ、
消防車などの緊急車両の通行を
可能にしたり、火災時に燃え広がり
を最小限に抑えることができる。
また、これはスクラップ＆ビルドへの
思考の余地でもある。

行き止まりの改善
擁壁に対し、行き止まりではなくなる
ことで、まちの回遊性があがる。
歩くのが楽しくなる。

ウッドデッキ
オープンスペースによって周辺に
住んでいる人に活力と思考をもたらす。
お店の営みが外にまでにじみ出した。

まちのオープンスペース
町内に住んでいる人の畑、花壇。
まちでの人々の役割をもたせる。

地蔵坂

石川町駅
駅からフラットに図書館へつながる

通勤中に本を手に取る

まちを眺める

人々の活気がまちにあふれる

生活の一部になる

人々の居場所になる

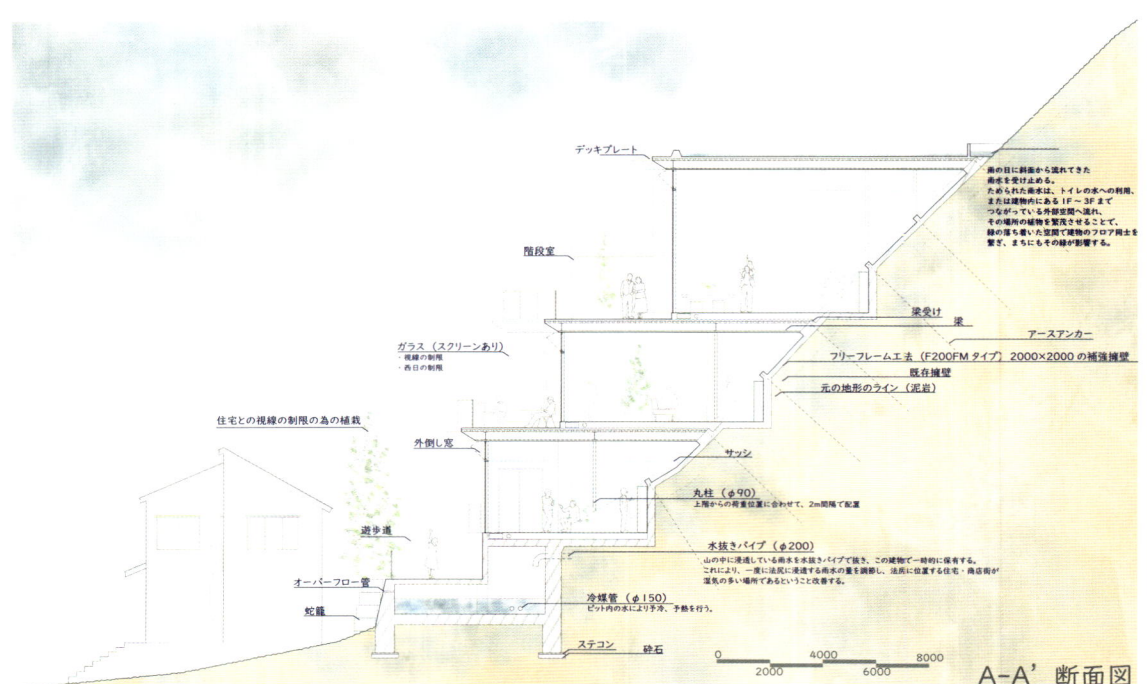

デッキプレート

階段室

ガラス（スクリーンあり）
・視線の制限
・西日の制限

住宅との視線の制限の為の植栽

外側し窓

遊歩道

オーバーフロー管

蛇籠

ステコン　砕石

冷媒管（φ150）
ピット内の水により予冷、予熱を行う。

水抜きパイプ（φ200）
山の中に浸透している雨水を水抜きパイプで抜き、この建物で一時的に保有する。
これにより、一度に法面に浸透する雨水の量を調節し、法尻に位置する住宅・商店街が
湿気の多い場所であるということを改善する。

丸柱（φ90）
上階からの荷重位置に合わせて、2m間隔で配置

サッシ

元の地形のライン（泥岩）

既存擁壁

フリーフレーム工法（F200FMタイプ）2000×2000の補強擁壁

アースアンカー

梁受け　梁

雨の日に斜面から流れてきた
雨水を受け止める。
ためられた雨水は、トイレの水への利用、
または植物にある1F～3Fまで
つながっている外部空間へ流れ、
その場所の植物を繁茂させることで、
緑の落ち着いた空間で植物のフロア同士を
繋ぎ、まちにもその緑が影響する。

0　　2000　　4000　　6000　　8000

A-A' 断面図

この建物には、雨水を一時的に保水する仕組みがあり、降雨時に石川町が持つ湿気の量を調整する。地中を通って湧き出てくる雨水は、水抜きパイプを通りピットの中に一時的に貯められる。そこにある冷媒管は、予冷・予熱の効果を受ける。

屋上庭園・屋上展望台

内側し窓
1Fから3Fまでつながっている外部空間。
換気の為の窓。

土の層
擁壁上部の植物を町まで連続させる。
この土の層は保水をし、まちの湿気の量の調整をする。

階段
階段に座って openspace を眺める。

土のタイル
擁壁上部の植物を町まで連続させる。

openspace
イベントスペースとして使われる。
キッチンカー、ピクニックなど

0　　2000　　4000　　6000　　8000

C-C' 断面図

建物の中にある外部空間は室内に新鮮な空気を持ち込む。雨水は、植物を繁茂させ、まちの生活に寄り添う。

受付・事務室

既存擁壁
フリーフレーム工法の補強擁壁
（F200FM タイプ 2000×2000）
＋インテリアとしての採用

アースアンカー

エントランスホール

談話コーナー

階段室
上部に開いたすきまから光が差し込む
擁壁の中の巣穴のような空間。

郷土資料

郷土資料・常設展示室

WC

飲食可能スペース
擁壁のすきまから生える植物の
モチーフをテーマにした空間。

A

A'

B

B'

C

EV

WC

郷土資料展示室

土ブロック

WC

階段室

スペース

C'

雨水が擁壁を伝ってきて、植物を繁茂させ、
階段部分まで植物が滴る。

各市民団体の活動の拠点、子供達のギャラリー、工房等
フリースペース。

階段に座って
openspaceを眺める

通とopenspaceを坂で繋で
丘の上を歩いているように感じる。

地蔵坂から降りてきた学生が
放課後に本を借りるために
この道を選択

open space(イベントスペース)

広場から図書館前の道を通って家に
帰る人達を見送る

行き止まりが改善し、
人が訪れやすくなる

open space

open space

open space

```
0        24000
   12000      36000
```

Ⅰ階平面図（まちの人々に開かれる）

2F　駅から直接つながる
（カフェ、成人コーナー、コワーキング、ラーニングコモンズ）

3F　山手とスロープでつながる
（児童コーナー、青少年コーナー）

4F　まちなみを眺める
（屋上庭園・屋上展望台）

フリーフレーム工法を
インテリアとして採用

個室的な空間に寄りかかって
本を読んだり、落ち着いた
雰囲気のデスクや、クッション
などが設置されたりする

日常にあった擁壁が色を持って寄り添う

雨がつたう植物が連続する外部空間は、まるで擁壁の隙間から
一生懸命に葉を伸ばす植物のような生命力を室内空間へ与える

階段上部から暖かな自然光が差し込む

擁壁の中で暮らす生き物たちの
巣穴のような安心感のある階段室

狂気する祭礼都市

不合理亢進説を含む
新・社会進化論から推定される
都市祭礼の未来史

設計主旨：一般的に祭礼は前近代の遺物であり、「消えゆくもの」として見られがちであるが、一部の祭礼はそうではない。これからの未来においても時代の社会背景に適応しながら、たくましく生き続けるのだ。対象は東京都府中市の大國魂神社暗闇祭である。私は祭り人の一人としてこの祭礼の未来を描く。おそらく不合理かつ馬鹿げていて、しかしながら迫力がある、そんな祭礼であり続けるだろう。

再び地域社会に根を張る。
馬鹿げながらもたくましく生き続ける暗闇祭。

社会学的進化論ダイアグラム

phase1 神事

phase 1.0 江戸期 −神社主体−

Layer 01

神社が主体となって祭りを行う。神輿・太鼓を神社が維持管理。氏子、講中が協力する。講中とは、旧武蔵国全域に広がる祭礼組織のことである。

phase2 −既存のコミュニティを支える−

phase 2.0 明治初期 −町衆主体−

新宿　八幡宿　神社　番場宿　本町

Layer02
神輿・太鼓

・神社主体から町衆主体の祭礼へ
・太鼓の増加、巨大化
・神輿の華美化、巨大化

町衆である旧四ヵ町が主体として祭りを担っていく。すると、太鼓が増加し、巨大化が起きた。

社会の単位

血縁家族を社会の単位とし、人々は助け合って生きていく。そのため、共同体としての意識が強かった。

phase 2.5 戦前 −町衆の膨張と分裂−

東馬場・新成区　講中　八幡町　京所　本町上組　新宿　本町中組　番場　本町下組　片町・神戸

Layer02
神輿・太鼓

・太鼓の増加

主に町内の人口増加により、旧四ヵ町が分裂し始める。それに合わせて、太鼓が増加していく。

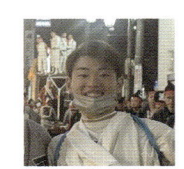

本多 空飛
Sorato Honda

明治大学
理工学部 建築学科
建築史・建築論（青井哲人）研究室

0. 背景

私は幼いころから府中市の大國魂神社暗闇祭に関わりながら生きてきた。私は祭り人の一人として1000年以上続くその祭礼の2050年の未来を描く。おそらく一般的な常識から見るとはるかに馬鹿げていて、しかしながら迫力がある、そんな祭礼であり続けるだろう。

1. 暗闇祭社会学的進化論とは

暗闇祭の担い手は膨張と分裂を繰り返し、そしてそれに合わせてモノの発生、増殖が行われてきた。この祭礼は独自の膨張と分裂を行い進化し、形を変えている。祭礼全体は進化する生命体のようである。そのように考えると、担い手は細胞、そしてその時代の社会背景・環境を生態系と捉えることができる。

2. 進化のメカニズム

暗闇祭における進化は2パターンある。パターンAは、ある条件が変わって生じる連続的な進化である。パターンBは、祭りの一要素が結果として核となって、それが変異体と結合しある形を持つようになる進化である。共通して言えることは、必ず担い手が関連することが特徴でもある。

進化の一例

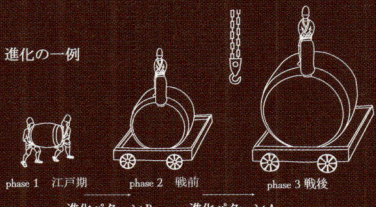

phase 1 江戸期　phase 2 戦前　phase 3 戦後
進化パターンB　進化パターンA

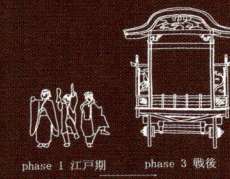

phase 1 江戸期　phase 3 戦後
進化パターンB

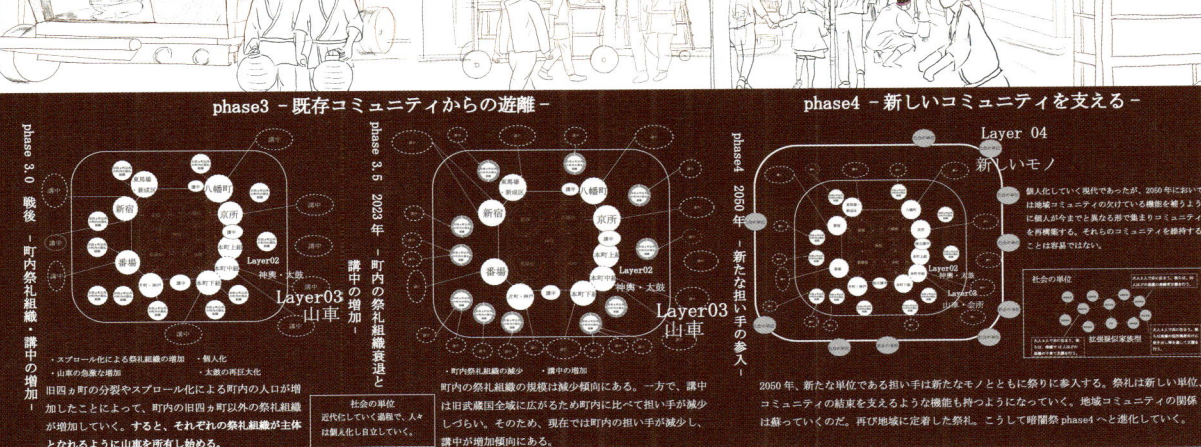

phase3 −既存コミュニティからの遊離−

phase 3.0 戦後 −町内祭礼組織・講中の増加−

Layer02 神輿・太鼓
Layer03 山車

・スプロール化による祭礼組織の増加　・個人化
・山車の急激な増加　・太鼓の再巨大化

旧四ヵ町の分裂やスプロール化による町内の人口が増加したことによって、町内の四ヵ町以外の祭礼組織が増加していく。すると、それぞれの祭礼組織が主体となれるように山車を所有し始める。

phase 3.5 2023年 −町内の祭礼組織衰退と講中の増加と

Layer02
Layer03 山車

・町内の祭礼組織の減少　・講中の増加

町内の祭礼組織の規模は減少傾向にある。一方で、講中は旧武蔵国全域に広がるため町内に比べて担い手が減少しづらい。そのため、現在では町内の担い手が減少し、講中が増加傾向にある。

phase4 −新しいコミュニティを支える−

phase4 2050年 −新たな担い手の参入−

Layer 04 新しいモノ

Layer02 神輿・太鼓
Layer03 山車・会所

個人化していく現代であったが、2050年においては地域コミュニティの欠けている機能を補うように個人が今までと異なる形で集まりコミュニティを再編集する。それらのコミュニティを維持することは容易ではない。

社会の単位

2050年、新たな単位である担い手は新たなモノとともに参入する。祭礼は新しい単位、コミュニティの結束を支えるような機能も持つようになっていく。地域コミュニティの関係は蘇っていくのだ。再び地域に定着した祭礼。こうして暗闇祭phase4へと進化していく。

2050 年までの進化過程ダイアグラム

2050 年におけるそれぞれの Layer の可動装置

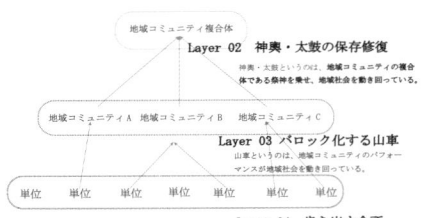

Layer 02 神輿・太鼓の保存修復
神輿・太鼓というのは、地域コミュニティの複合体である祭礼を乗せ、地域社会を動き回っている。

Layer 03 バロック化する山車
山車というは、地域コミュニティのパフォーマンスが地域社会を動き回っている。

Layer 04 歩き出す会所
Layer 04 では予想にも祭りの一要素とともに地域コミュニティの単位自体が歩き出す。

Layer 04 歩き出す会所

地域コミュニティの単位が変容し町には血縁で結びついたプライバシーの高い閉じた家の集合から、血縁ではない疑似家族など単位が多様化し、小さな公共空間を有した住宅が生じてくる。段々と「施設」としての公会堂や公民館はなくなり、従来の会所は消失する。しかしながら、住宅内部の公共空間つまりミクロな「会所」が町に広がっていく。

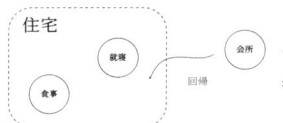

会所とは公会堂にあるものではなく、元来、住宅内部であった。2050 年、「会所」は住宅に回帰する。

コミュニティ系屋台・会所

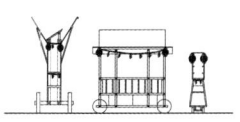

近年見られるような地域の関係を活性化するような装置が段々と生じてくる。それらの装置が予想外にも暗闇祭に取り込まれる。「会所」機能の1つである奉納金提示機能等とともに町を練り歩き始める。

移動世代会所

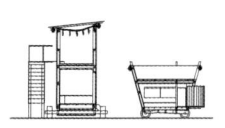

2047 年 5月 11日 八幡町会所 暗闇祭鉢洗いにて

祭り人 S氏 最近、新たな担い手が新しい装置とともに祭りに参加してきた。あいつらに負けるわけにはいかんでしょう。そうだ、住宅内部の会所空間それ自体を動かしてしまおう。
八幡町青年会議事録より抜粋

Layer 03 バロック化する山車

2050 年、再び地域の祭礼として定着した暗闇祭において、地域コミュニティの象徴的な役割を担うようになる。それぞれの祭礼組織間でいつも通り意地やプライド張り合いが行われる。

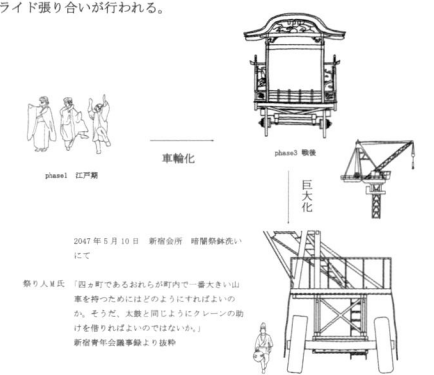

phase1 江戸期

車輪化

phase3 戦後

巨大化

2047 年 5月 10日 新宿会所 暗闇祭鉢洗いにて

祭り人 M氏 「四ヶ町であるおれらが町内で一番大きい山車を持つためにはどのようにすればよいのか。そうだ、太鼓と同じようにクレーンの助けを借りればよいのではないか。」
新宿青年会議事録より抜粋

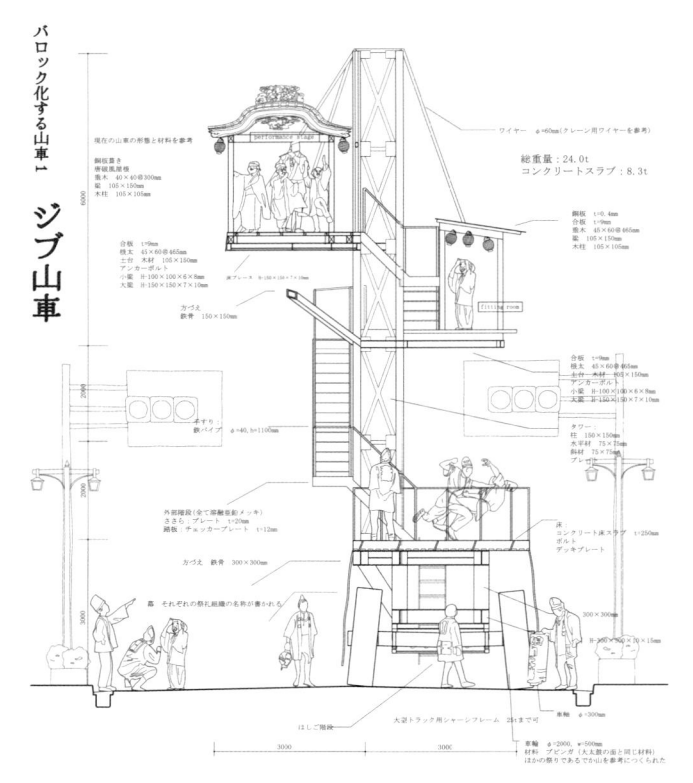

総重量：24.0t
コンクリートスラブ：8.3t

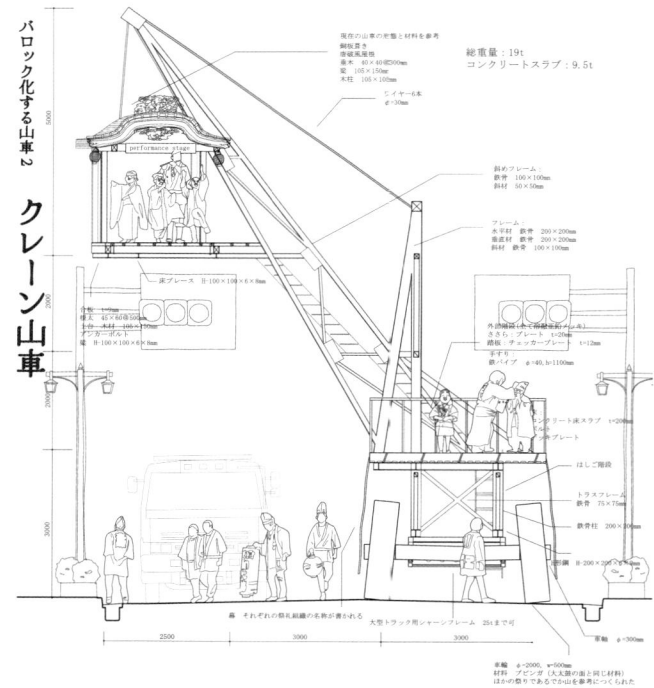

総重量：19t
コンクリートスラブ：9.5t

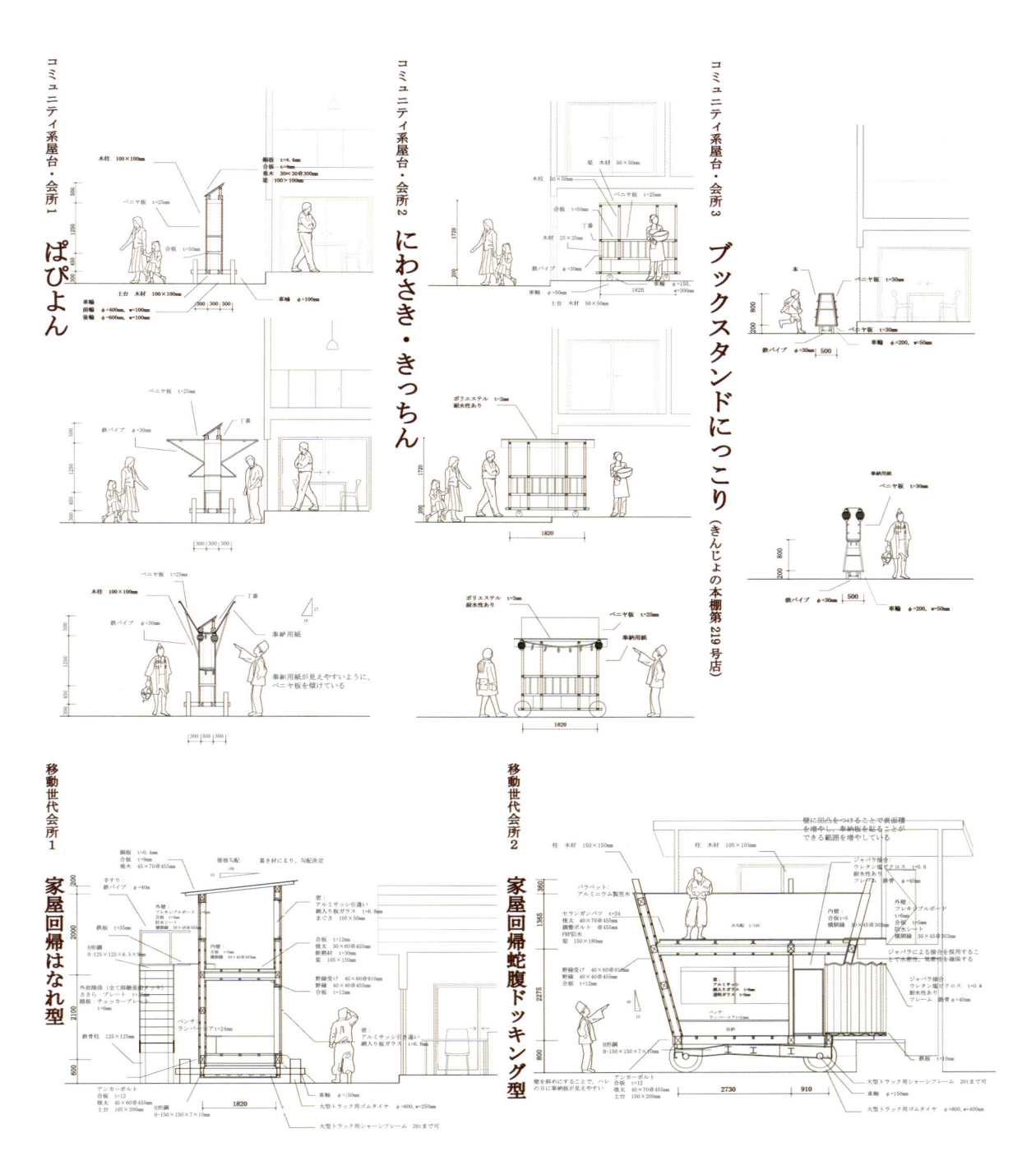

コミュニティ系屋台・会所1

ぱぴよん

コミュニティ系屋台・会所2

にわさき・きっちん

コミュニティ系屋台・会所3

ブックスタンドにっこり（きんじょの本棚第219号店）

移動世代会所1

家屋回帰はなれ型

移動世代会所2

家屋回帰蛇腹ドッキング型

断面詳細図　S=1:150

卒業設計コンクール／受賞作品

畑友洋賞

隙が巡るまち

まちに潜む防災構造物を
斜面地暮らしの新たなインフラにする

設計主旨：かつて都市は「地形」を読み解き応答しながら組み立てられることで、豊かな暮らしや都市空間を生み出していた。一方現代において「地形」の存在は、その場所の固有性を生み出すものではなく、「災害の危険」や「計画の障壁」としてのみ扱われた結果、どこも同じような無機質な都市が広がった。そこで、「地形」の存在が、再びそのまちで暮らす人々にとって豊かなものになるようなまちの在り方を、土木と建築の新たな関係が生み出す斜面地のインフラとして創造した。

敷地　横浜市中区柏葉 まちの中腹に防災構造物が連なる斜面地住宅街

山元町商店街

対象敷地

根岸線

┆山手駅

防災構造物

対象敷地は、横浜市中区柏葉の谷底から丘の頂上までの一つの斜面地である。ここは、戦前谷戸地形に応答するようにつくられていた段々状の畑地であった場所が、戦後の急速な宅地開発によってできた斜面地住宅街である。そこには地形が生み出す多様な魅力が残っている一方で、斜面地ゆえの土砂災害の危険性を孕み、まちの中腹に公的なインフラとしての防災構造物が連なるまちである。

黒沼 和宏
Kazuhiro Kuronuma

横浜国立大学
都市科学部 建築学科

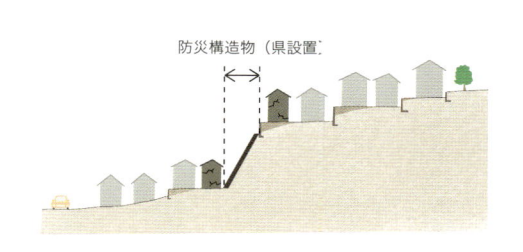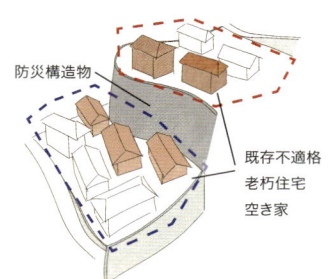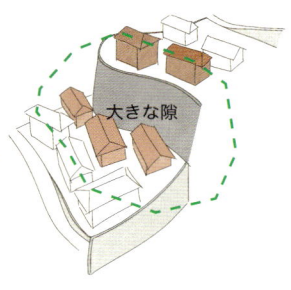

防災構造物（県設置）

防災構造物

既存不適格
老朽住宅
空き家

大きな隙

台地面と低地面の境目の急斜面が防災構造物としての擁壁で覆われる
その上下には更新できずに取り残されている住宅が多く並んでおり、
老朽化している防災構造物とともに、まちの更新が模索されている

畑地由来の造成地が生み出すまちの骨格ゆえに未
接道となり更新できずにいる住宅などが防災構造
物の上下に多く取り残されている

防災構造物、その周辺の不適格住宅などが合
わさって、まちの中で空間的に「大きな隙」
として存在している

提案　まちに潜む「大きな隙」を斜面地のための新たなインフラへと再編する

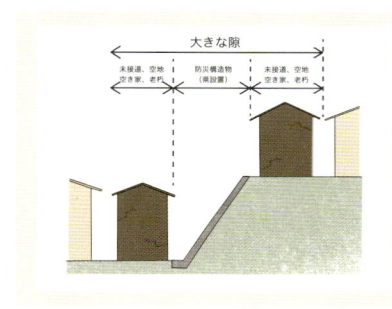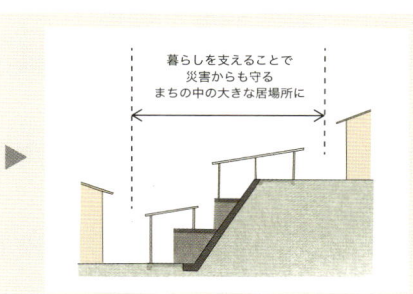

大きな隙

未接道、空地
空き家、老朽

防災構造物
（県設置）

未接道、空地
空き家、老朽

暮らしを支えることで
災害からも守る
まちの中の大きな居場所に

大きさがあること

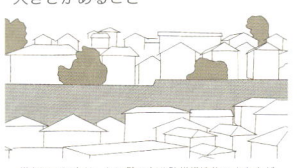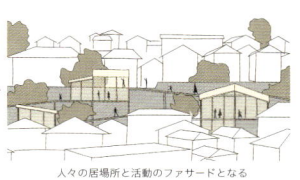

単なるコンクリートの壁である防災構造物の大きさが

人々の居場所と活動のファサードとなる

線状であること

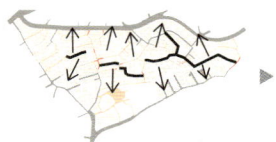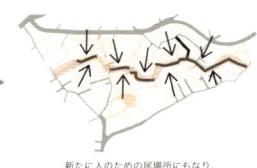

単なる防災のためだけのインフラが

新たに人のための居場所にもなり、
それがまちの中腹を横断するように広がっていく

設計手法　土木と建築の新しい関係 - 幹としての防災構造物に、人の居場所としての枝葉を生やす -

1. 従来の防災構造物ではなく
2. 構造を強化する控え壁やフライングバットレスを
3. これらを剛で繋ぐスラブやスロープを挿入
4. 新しくできた構造体が新たな基礎のようになり、その上に木造の架構がかけられる
5. RCの構造体で覆われていない残余を緑化する

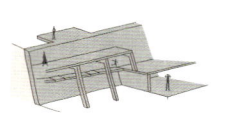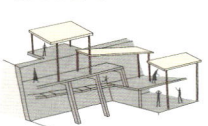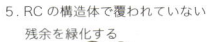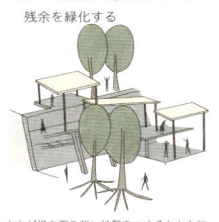

従来の防災構造物は、コンクリート
の板をはりつけただけのもの

防災構造物を強化しながら、人の
ための居場所をつくる足掛かりに

RCの構造体は、防災構造物の構造を強化し
ながら、多様な環境を生み、防災施設に沿っ
た横の流れをつくる

RCの構造体によって生まれた多様な環境を
内包するように木造の架構がかかり、多様な
居場所が生まれる

木々が根を張り強い地盤をつくるとともに、
緑の多いまちに馴染んだ風景を生み出し、
さらなる居場所もつくる

プログラム　日常が防災にも転用される

斜面地の暮らしを支えるプログラムが

・移動の選択肢を増やす、女坂的な新たな道
・出張販売、キッチン、ダイニング
・銭湯
・ランドリー
・ホール
・広場

→

防災のためのプログラムにも

・新たな避難経路
・炊き出しの場
・水を貯める貯水槽
・貯水槽の水を使っての洗濯
・簡易避難所
・防災広場

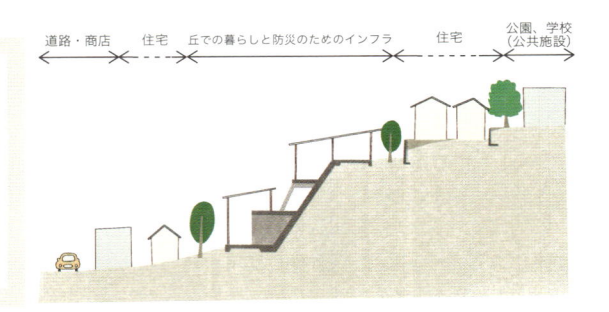

全体計画　大きな隙に建築を挿入していき、丘の中腹を貫くインフラに

S＝1:3500

防災構造物
車が入れる道
車が入れない道
階段

新しく生まれるまちのファサード

多様な居場所が立体的に織りなす

新たな経路の途中に居場所が生まれる

断面図 S=1:400

平面図 S=1600 GL+12000

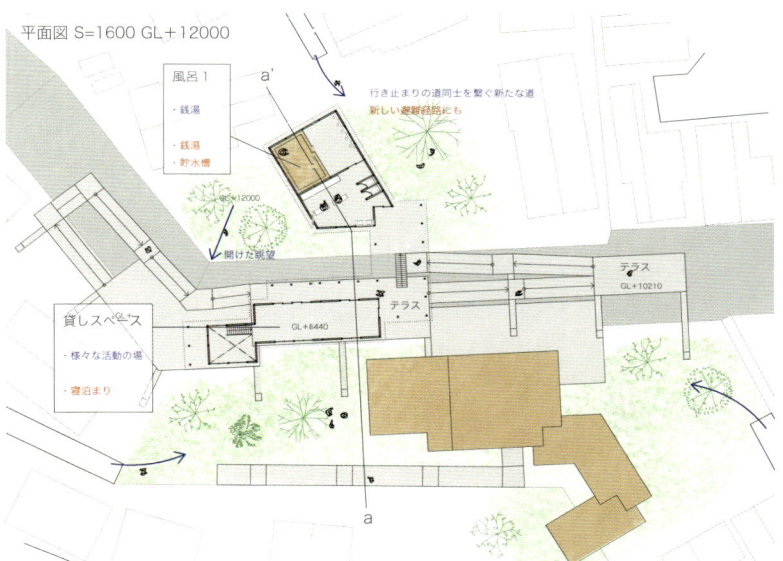

風呂1
・銭湯
・銭湯
・貯水槽

行き止まりの道同士を繋ぐ新たな道
新しい避難経路にも

GL+12000

開けた眺望

テラス
GL+10210

貸しスペース
・様々な活動の場
・寝泊まり

テラス

GL+8440

a'

a

日常時　風呂やランドリー

災害時　風呂やランドリーを使えることから全体で大きな家のようになる

GL+5000

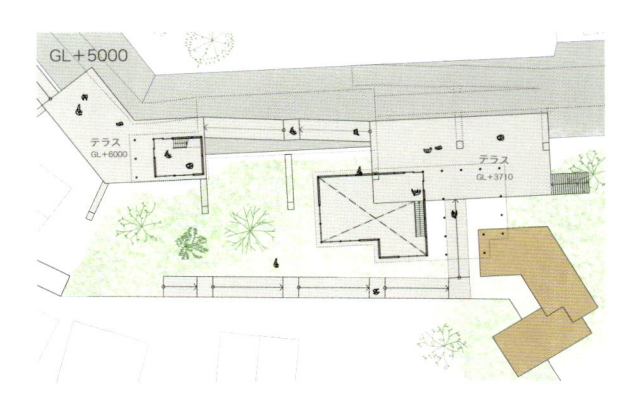

テラス
GL+6000

テラス
GL+3710

GL+1500

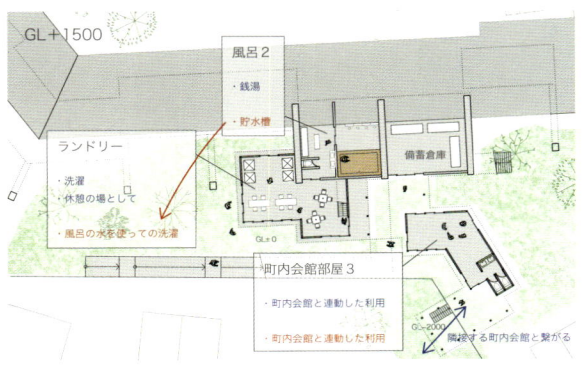

風呂2
・銭湯
・貯水槽

ランドリー
・洗濯
・休憩の場として
・風呂の水を使っての洗濯

備蓄倉庫

GL±0

町内会館部屋3
・町内会館と連動した利用
・町内会館と連動した利用
隣接する町内会館と繋がる

GL±2000

遠国は傍らに

設計主旨：私たちが世界に目を向ける時、一方に「私たち」を置き、他方に「異邦人」を対置させる。そして国の政治や制度が引いた境界によって、遠くの人々は全く異なる存在として認識される。特に大使館周辺では、こうした差異が前提された状態がさまざまな形で現れていると考えた。
そこで大使館塀のデザイン言語を基に、大使館活動を拡張する建築と、大使館内にいる人と外にいる人の差異が攪拌されるような建築の2つの設計を行った。

背景・目的：

私たちが世界に目を向ける時、一方に「私たち」を置き、他方に「異邦人」を対置させる。そして国の政治や制度が引いた境界によって、遠くの人々は全く異なる存在として認識される。

特に大使館周辺では、こうした差異が前提された状態が様々な形で現れていると考えた。
そこで大使館塀のデザイン言語を基に、大使館活動を拡張する建築【e】と、大使館内にいる人と外にいる人の差異が攪拌されるような建築【p】の2つの設計を行った。

場所は東京都港区麻布にある4つの大使館と、それらの中央に位置する都市公園とした。

p,e マップ

p：非国籍領域
@大使館

CN-p 中国大使館
CH-p スイス大使館
DE-p ドイツ大使館
FR-p フランス大使館

e：活動拠点
@有栖川公園

CH-e　CN-e
DE-e　FR-e

提案【e】：大使館拡張計画

大使館建築は「文化・広報活動」という名で遠くの国との友好性と自国性を絶えず示すという役割がある。しかし、大使館自体は閉ざされた領域であるがゆえに、塀の向こう側の人々に声は届かない。
そこで、文化広報活動を大使館外へ拡張するための「活動拠点」としての小規模な多目的空間を公園に設計する。

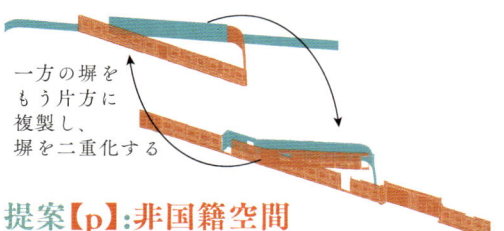

一方の塀をもう片方に複製し、塀を二重化する

提案【p】：非国籍空間

塀の向こうの人か、こちら側の人か、といった出自が包み隠され、匿名の人として1つの場にいられるような「非国籍領域」を、壁を二重化することによって大使館と街のあいだに設計する。

設計：

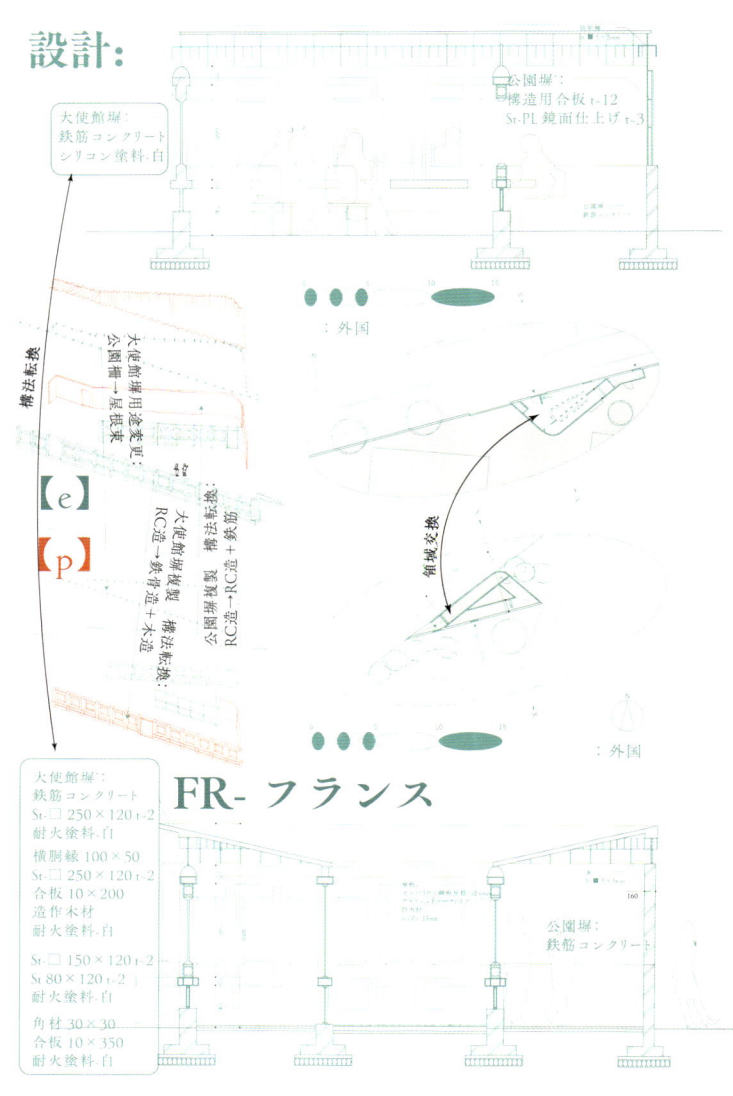

FR- フランス

石井 開
Haruki Ishii

明治大学
理工学部 建築学科
構法計画（門脇耕三）研究室

CN- 中国

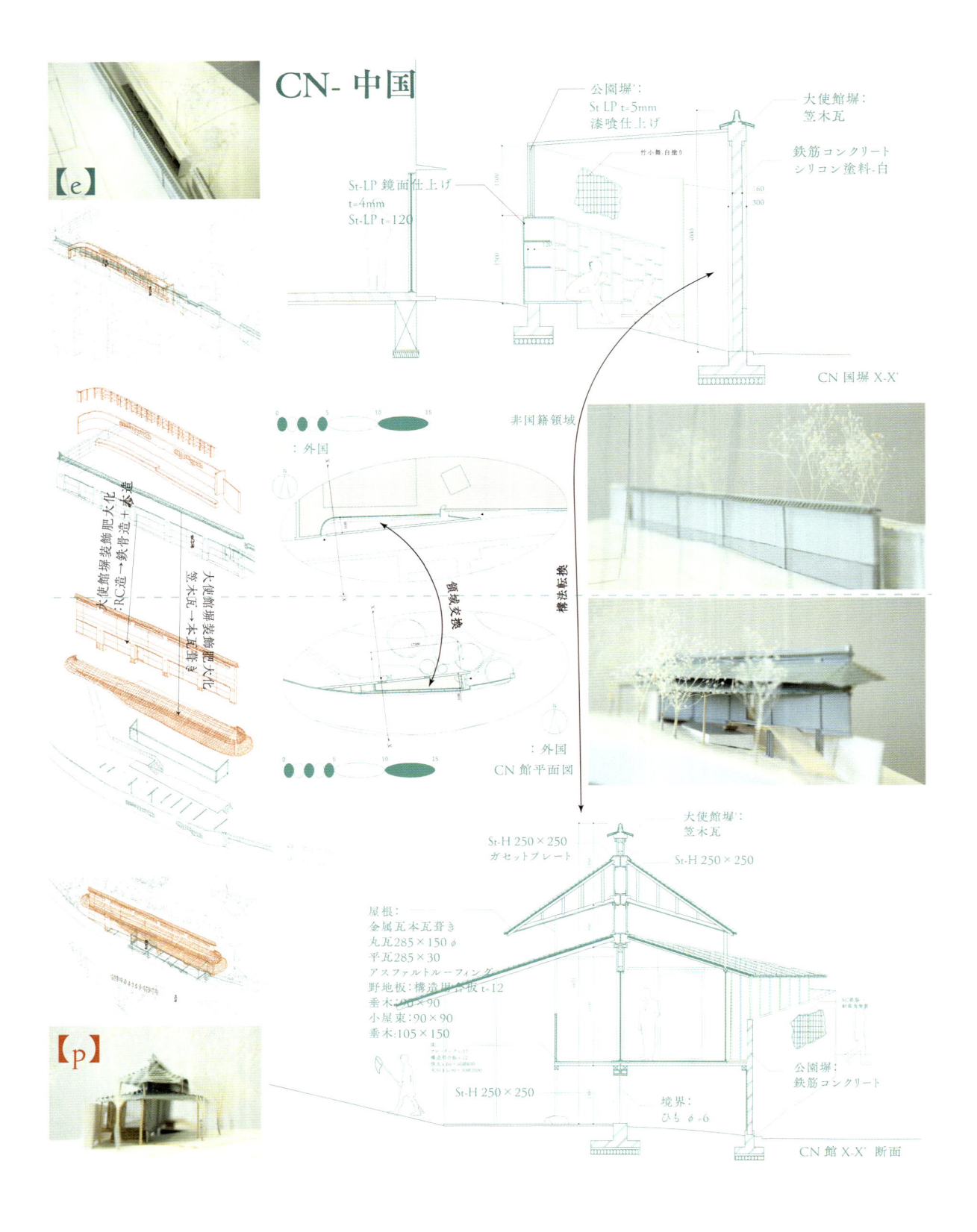

公園塀：
St LP t=5mm
漆喰仕上げ

大使館塀：
笠木瓦

St-LP 鏡面仕上げ
t=4mm
St-LP t=120

竹小舞・白塗り

鉄筋コンクリート
シリコン塗料-白

CN 国塀 X-X'

【e】

非国籍領域

：外国

構法転換

CN 国塀 X-X'

大使館塀装飾肥大化
RC造→鉄骨造＋瓦造

大使館瓦本瓦葺断熱構造瓦

領域支換

：外国

CN 館平面図

大使館塀：
笠木瓦

St-H 250×250
ガセットプレート

St-H 250×250

屋根：
金属瓦本瓦葺き
丸瓦285×150φ
平瓦285×30
アスファルトルーフィング
野地板：構造用合板 t=12
垂木：90×90
小屋束：90×90
垂木：105×150

St-H 250×250

境界：
ひら φ-6

公園塀：
鉄筋コンクリート

【p】

CN 館 X-X' 断面

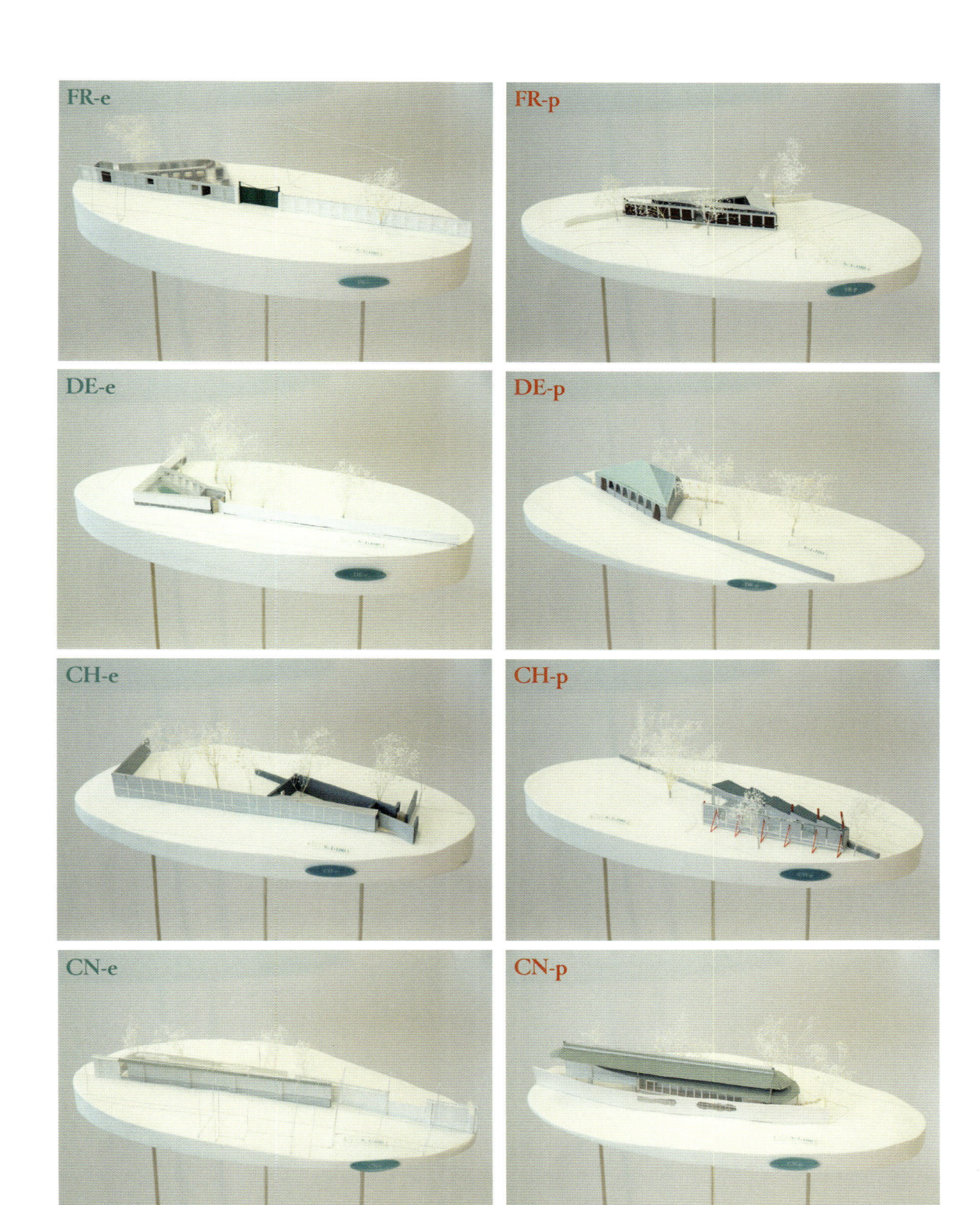

新・御境内林苑計画

神宮の森を再生し、成長する植物園

設計主旨: 明治神宮の緑地は異質である。東京には多くの緑地があるものの神宮の森だけが「いつ」・「何が」・「どのように」植えられたかがわかる完全なる人工林である。明治神宮創建と同時に、100年先の境内に、人の手を加えずに人工林をつくり出す「明治神宮御境内林苑計画」が発表された。100年経った現在の森では当初の計画とのずれが植生調査から明らかになりはじめている。森を手入れしながら、100年後の都市空間へと生態系を拡張する植物園の計画を考える。

01 神宮の森

1920年、明治天皇を祀る明治神宮が創建されると、同時に、境内をより荘厳な空間とするために100年先に人工林を完成させる計画、「明治神宮御境内林苑計画」が発表される。しかし計画書では造営100年後の計画が描かれていない。
計画から100年経った今、この先の神宮の森、そして都市における緑地の在り方考える。

○明治神宮御境内林苑計画書について

神宮創建時から原宿の地に根付いていたマツの下にシイ、カシ、クスノキの幼木を植え、100年の年月をかけて人の手を加えずに森を形成する遷移という手法により、人工林を成長させる過程が書かれている。天然下種更新により自律的に持続するような自然の森づくりの理論のもと、時系列で主要な樹木の構成を変えながら森が成長する。成長に太陽を多く必要するが大きくは成長しない陽樹と、あまり太陽を必要としないが年月をかけて壮大な樹木を形成する陰樹のバランスにより天然下種更新が実現する。

○林苑の創設の時代より、最後の不変的林相に至るまで

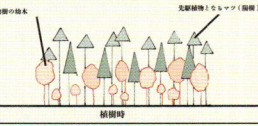

植樹時

先駆樹種としてマツを中心とした森づくりを始める。その下に将来の主林木となるであろうシイ、カシ、クスノキの幼木を植える。

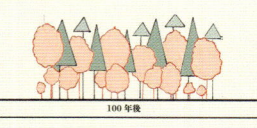

50年後

50年が経過するとマツを中心とした計画의森ができ始める。これらは将来の主役となるシイ、カシ、クスノキ属や雨から保護する役目を担う。

100年後

100年経つとシイ、カシ、クスノキが十分に成長し、荘厳な人工林が完成する。森は常緑広葉樹に囲まれ、日光が届かなくなった松が減り始める。

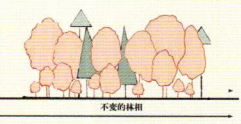

不変の林相

常緑広葉樹優位の森が完成し、天然下種更新によって自律的に持続される。

北島 光太郎
Kotaro Kitajima

慶應義塾大学
理工学部 システムデザイン工学科
佐野哲史研究室

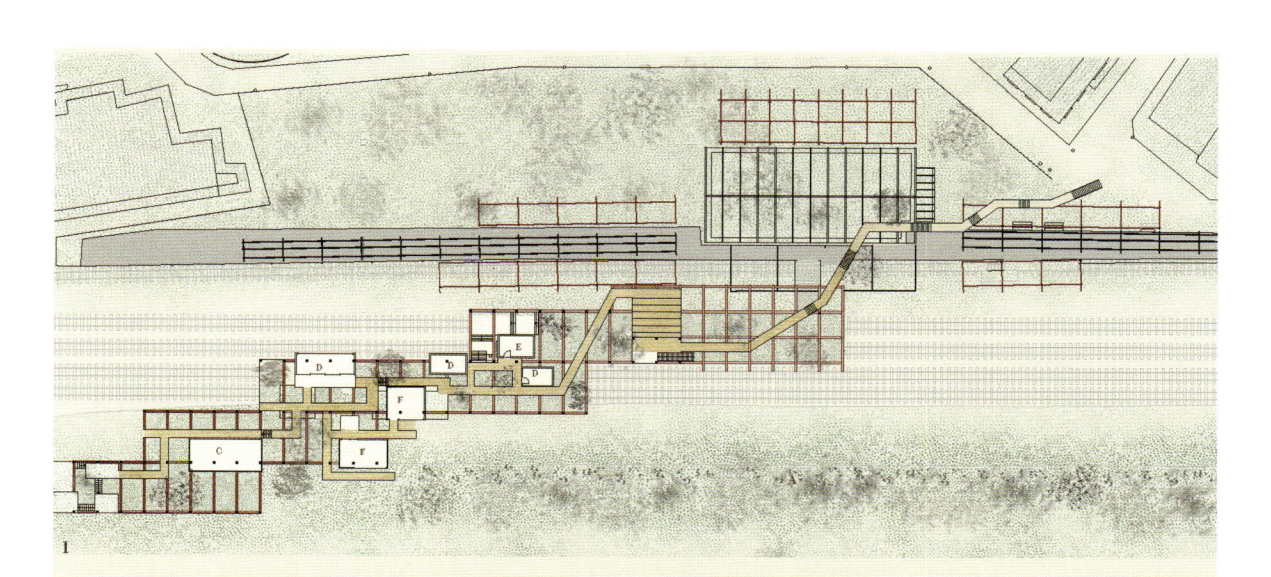

1. 雁行しながら宮廷ホームと明治神宮をつなぐ植物園は住民にとっての新たな動線として都市に溶け込む。2. 神宮という環境を拡張する装置となる植物園は都市から見えがくれする。3. 線路の上に植物と人間のための高架上の空間が生まれる。連続した加工の線材に植物が絡み始め、空間は神域をおび始める。

02 これからの100年

○クスノキの衰退が示す天然下種更新の限界

郷土樹種であるシイ、カシは未だに成長を続けているが、原宿の地で元々生えていなかったクスノキが気候などの影響により衰退し始めていることが判明した。

既存の木

神宮の森で復元を見られる 植物。100年の時を経て都心から住宅へと成長しシイ、カシ、クスノキが人工を支配する。

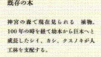

本計画で植えられる木

植物園で計画される苗木、研究の森の神聖さを伝えながら植林と播種とを繋げるニッチャートレる。

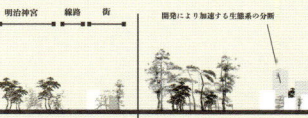

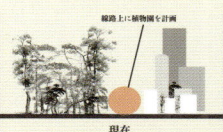

1920年	1970年	現在	2070年	2120年
人工林計画がスタート。街にはまだお屋敷が多く、原宿が全体的に**多様な生態系**をもっており、神宮の森と都市部とで複雑な生態系が育まれる。	成長を続ける人工林では多様な生物が暮らす。対照的にオリンピックなどにより発展した**街ではだんだんと生態系が減っていく**。	**クスノキの衰退**が判明する。都市圏では開発による**高層化**が続く。所絶を産んでいた**線路上の空間**を利用して、人口林を補完しながら都市へと拡大し、街で見られる番視的な植物と接続する**植物園**を計画する。	線路上の植物園では神宮の森と同様に**人工林が成長す**る。植物園で育てた苗木を神宮の森へと挿入することで**荘厳な森を補完**する。植物園を通じて線路上から都市圏へと**生態系が拡張**されるとともに参道空間が街の路地と接続される。	植物園はクスノキの成長を持って**完成**を遂げ、神宮の森と植物園の境界線はなくなる。線路上から広がる生態系の拡張により裏原宿で見える微視的な植物と神宮の森が接続され、原宿は**退行**を始める。

○ボリュームの衰退と植物の成長

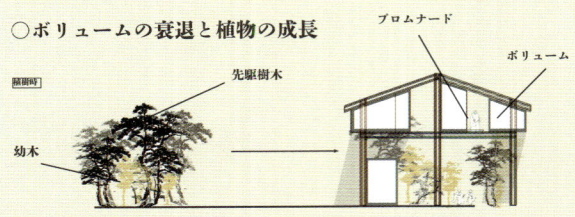

従来の計画では、先駆植物としてマツが植えられ、それらの足元に将来主役となるシイ、カシ、クスノキの幼木が植えられた。ここでマツは風や雨などから幼木を守る役割をする。またシイ、カシ、クスノキは陰樹と呼ばれ成長するのにあまり太陽光を必要としないことからこのような先駆植物の下でも十分に成長することができる。本建築ではこの先駆植物の役割を建築のボリュームが請け負う。3階レベルに様々なサイズのボリュームを雁行させながら配置することでスラブレベルである2階に植えた幼木を守る。

従来の計画では、シイ、カシ、クスノキの幼木が成長し、荘厳な森が作られると先駆樹木は衰退し陰樹が主役となる常緑広葉樹の人工林が完成する。本建築では陰樹が成長すると建築のボリュームがフレームだけを残し衰退する。室内空間の縮小とともにボリュームのフレームのみが残った空間

○衰退が作り出す新たな中間領域（50年後）

タイプA ～植物によって内部空間が隠れる～

タイプB～植物によって外部空間を作り出す～

断面パース (1/100)

断面パース (1/100)

植物の成長によりプロムナードからボリュームがセットバックし、中間領域を作り出す。

植物の成長により空間は外部から隠される。

大規模な植物園の機能から、ボリュームの衰退とともに内部空間はプライバシー性の高い空間へと変異する。

平面図 (1/60)

植物がない部分には自由に足場をかけ、距離感を創造する。

完全にボリュームが退く

平面図 (1/60)

まちの鼓動

設計主旨：埼玉県秩父市はまつりが盛んな地域であり、まつりによって地域住民の繋がりを強くしてきた。しかし、観光化が進む中で歴史や文化を自分事として捉えられている地域住民が減っていると思われる。市の中心にはまつりの資料を展示する「まつり会館」がある。本来、「まつり会館」はこれからを担う若者へと歴史や文化を伝えていくものであるべきだが、観光客の利用者が殆どだ。そこで、地域住民にとっての場となり、よりまつりが身近になるような展示の在り方を提案する。

私が育った街、「秩父」 『何十年後も変わらず この祭りは続いているのだろうか…。』

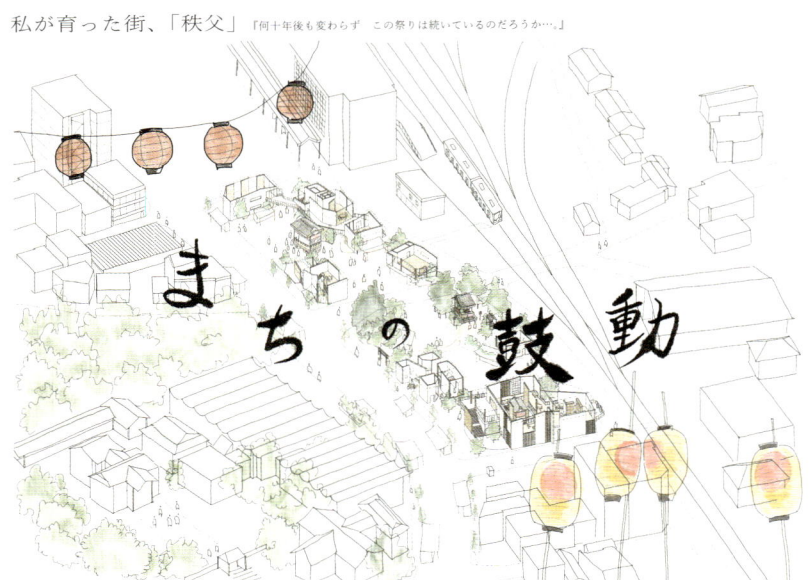

埼玉県秩父市

人口約 6 万人
面積約 578km

秩父夜祭

年に 400 ほどのまつりがあると言われており、まつりがとても盛んな地域である。
⇒まつりが地域の繋がりを強くしてきた

●敷地

秩父神社

柞祖霊社

武甲山

「秩父まつり会館」

「秩父まつり会館」は、秩父のまつりに関する資料を展示している。来客者の大半は観光客であり、地域住民の利用は殆どない。

●地域住民と観光客の関係

観光地化が進み過ぎると地域住民の活動範囲が狭まる。

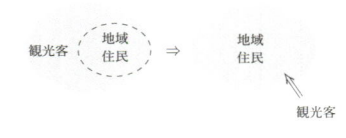

生活が街に溢れ、地域住民の活動が見えるまち気持ちよく過ごせる場所を考える。

●まちの鼓動とは　地域住民の活動の "オト"

歴史・時間が流れる "オト"

始まり　　　現在　未来

暮らしの "オト"

まつりの準備の "オト"

まつり時のお囃子
山車、人の動く "オト"

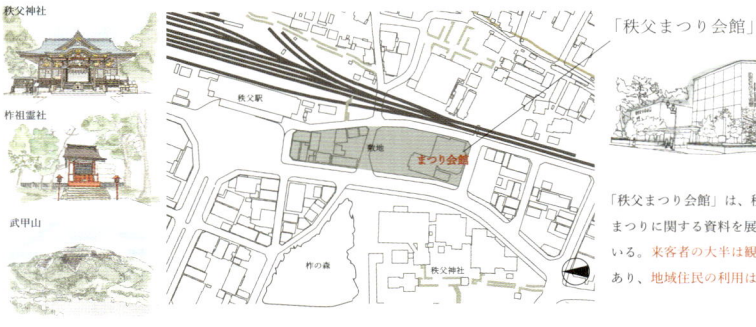

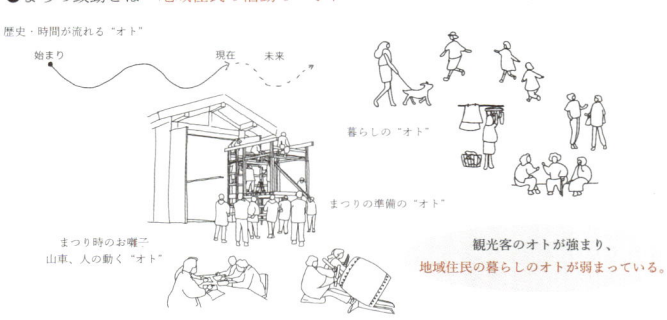

観光客のオトが強まり、
地域住民の暮らしのオトが弱まっている。

●これからの展示の在り方

現在　　　現在の展示のかたちは地域住民との間に距離をつくっている。

これから　まち、そして文化が生き続ける為には、自分のまちに目を向け、文化や歴史、地域の問題を知り、自分ごととして捉えられるようになることが必要だと考える。
「まつり会館」の本来の役割は、これからを担う地域住民へと文化や歴史、そして地域の魅力を伝えていくものであるべきだと考える。

観光客にとってはその地域の魅力、特徴を教えてくれる建築となり、地域住民にとっては住んでいるまちの文化や地域性に気づかせてくれる建築となる。

薗田 さくら
Sakura Sonoda

関東学院大学
建築・環境学部 建築・環境学科
柳澤潤研究室

●地域の場となる３つの提案

○まつり時に利用する

まつり会館がまつり時に利用されていないこと
に疑問を持っていた。
↓
敷地内に「新たな山車の通りみち」を敷地内に
通すことを考えた。

現在のまつり時の人の動き　　新たな山車のみちにより
　　　　　　　　　　　　　敷地内に人が入り込む

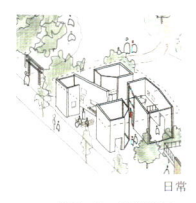
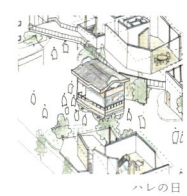

日常　　　　　　　　　　　ハレの日

普段の姿は地域住民にとっての生活のみちとなる。
時にマルシェやフリーマーケットなどのイベントも行える。
様々なアクティビティが生まれるみちとなる。

●まつり時のまちの使われ方

まつり当日は各町内の決められたルートに山車・笠鉾
が曳き回される。
各町内には公会堂、屋台収蔵庫があり、まつりの準備
や休憩所として利用される。
山車が休憩するスポットがいくつかあり、その一つに
今回敷地も含まれている。

山車が作り出すまつりの空間が山車が曳き回される
ことにより移動する。
→まち全体がハレの空間となる。

○境内空間を取り入れた空間づくり

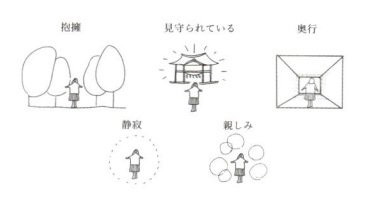

抱擁　　　見守られている　　　奥行

静寂　　　　親しみ

・境内の魅力

「自由さ」、「季節の行事」で賑わう、多様な
「ヒト・モノ・コトを受け入れられる懐の深さ」
がある。

子どものころ遊んでいた場所に境内があり、
庭のような場所と認識していた。
公園などにはない守られている感が子ども
たちに自由を与えていたと考える。

○地域の人々の活動の場づくり

まずは地域住民にとって住みやすい環境を考える。
→観光客に隠れて生活するような状態からまちの中の活動
　（地域住民の生活）、いきいきとした姿が見えるようになる

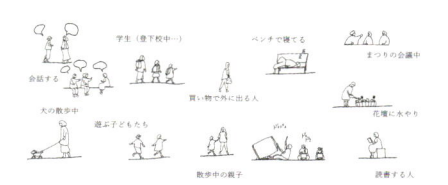

【地域住民の活動と展示を組み合わせる】
まつりの存在をより身近に感じられる
ように、地域住民の生活の場を設計し、
その間に展示空間を点在させる。

「活動の展示」
秩父の飲食店 × 食を知る展示
学生 × まつりの歴史・資料
まつりの準備が見える活動の展示

閉じていた情報が身近なもの
となり、地域住民に地域の歴史、文化が
根付きやすくなる。

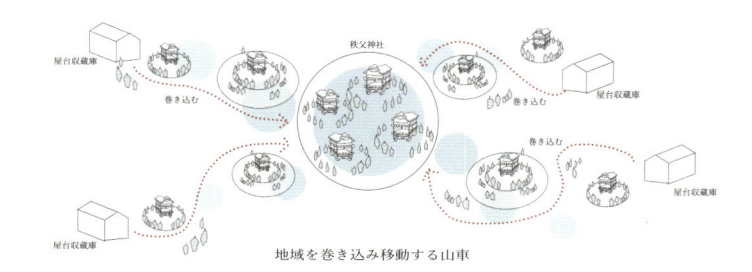

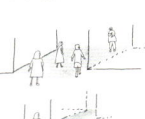

地域を巻き込み移動する山車

●ダイアグラム

隣接・分散	ズレ		テラス	みち幅

異なる機能をもったもの同士を隣接、分散することで空間・人々が緩やかに繋がる。	ずれにより生じるポケット空間。様々なアクティビティを生みやすくする。	配置角度を変えることで動線が緩やかに直線的な動きは、少なくなる。	テラスを広く設けることで内側の活動が外側に出やすくなる。	細い空間が生み出す奥行、一人で通れる程の幅にすることにより、一つのプライベート空間となる。

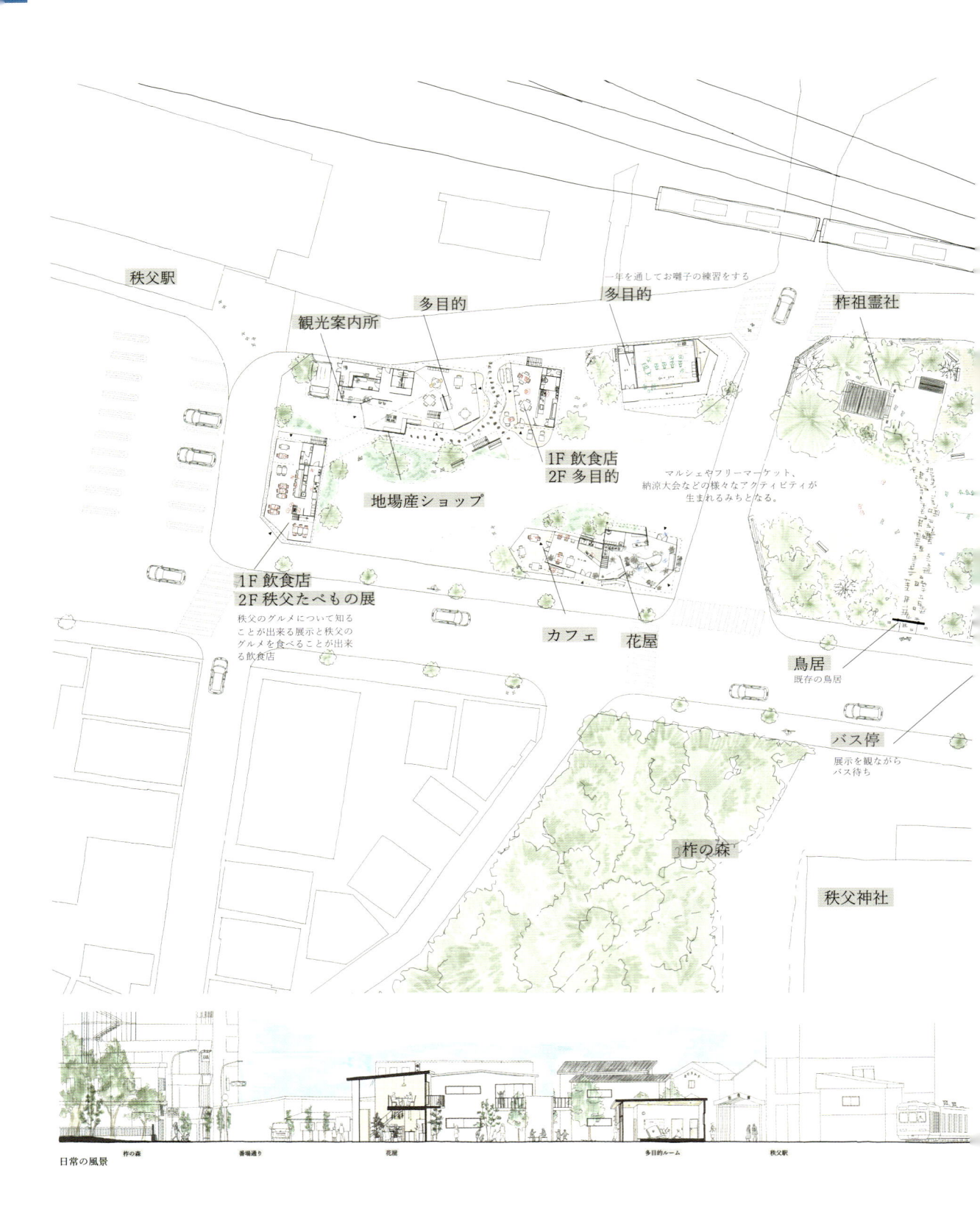

秩父駅

観光案内所

多目的

多目的

一年を通してお囃子の練習をする

柞祖霊社

1F 飲食店
2F 多目的

地場産ショップ

マルシェやフリーマーケット、
納涼大会などの様々なアクティビティが
生まれるみちとなる。

1F 飲食店
2F 秩父たべもの展

秩父のグルメについて知る
ことが出来る展示と秩父の
グルメを食べることが出来
る飲食店

カフェ

花屋

鳥居
既存の鳥居

バス停
展示を観ながら
バス待ち

柞の森

秩父神社

日常の風景　　　柞の森　　　番場通り　　　花屋　　　多目的ルーム　　　秩父駅

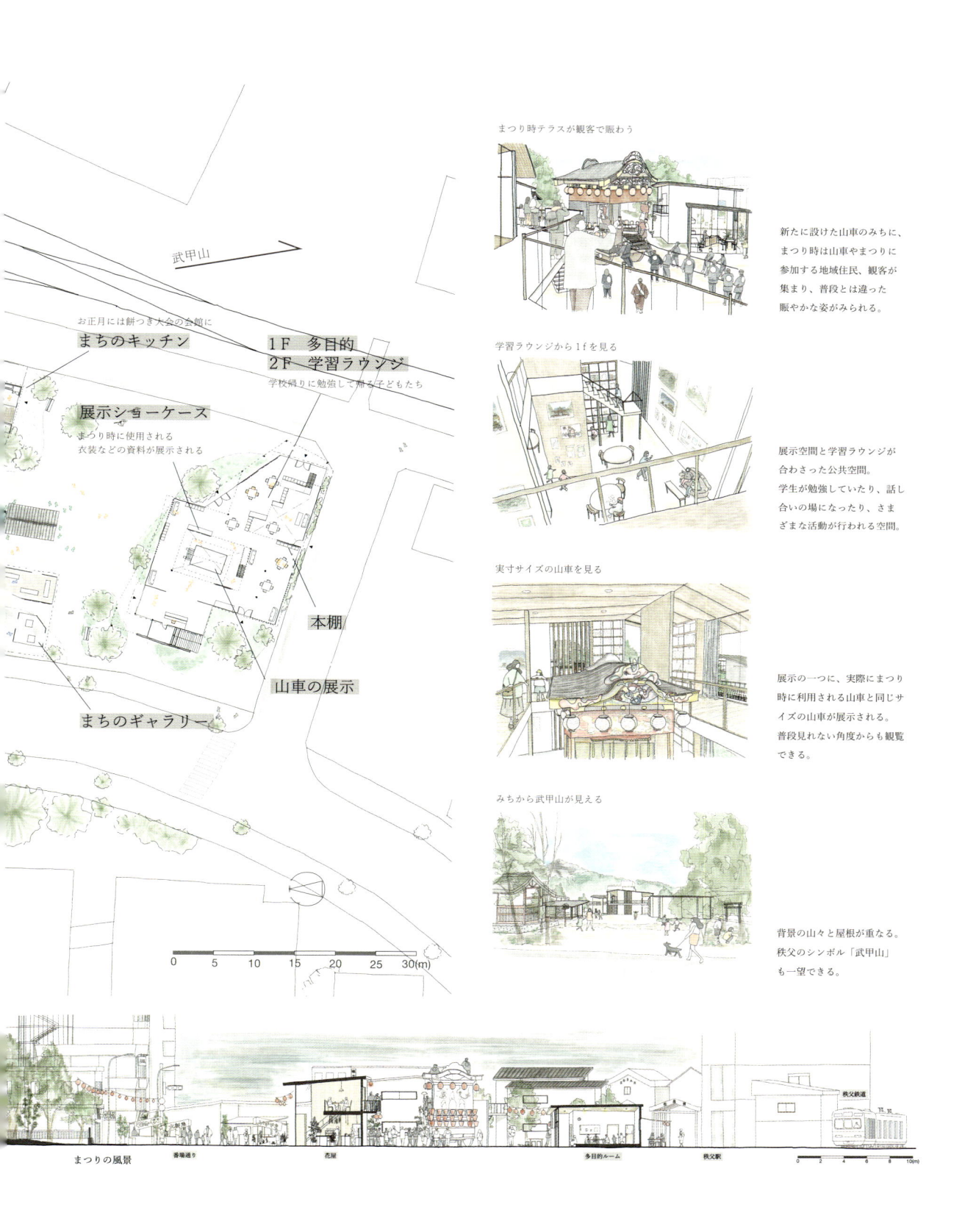

武甲山

お正月には餅つき大会の会館に
まちのキッチン

1F　多目的
2F　学習ラウンジ
学校帰りに勉強して帰る子どもたち

展示ショーケース
まつり時に使用される
衣装などの資料が展示される

本棚

山車の展示

まちのギャラリー

0　　5　　10　　15　　20　　25　　30(m)

まつり時テラスが観客で賑わう

新たに設けた山車のみちに、まつり時は山車やまつりに参加する地域住民、観客が集まり、普段とは違った賑やかな姿がみられる。

学習ラウンジから1fを見る

展示空間と学習ラウンジが合わさった公共空間。学生が勉強していたり、話し合いの場になったり、さまざまな活動が行われる空間。

実寸サイズの山車を見る

展示の一つに、実際にまつり時に利用される山車と同じサイズの山車が展示される。普段見れない角度からも観覧できる。

みちから武甲山が見える

背景の山々と屋根が重なる。秩父のシンボル「武甲山」も一望できる。

秩父鉄道

まつりの風景　　番場通り　　売屋　　多目的ルーム　　秩父駅

0　2　4　6　8　10(m)

私が奏でる
もうひとつの世界の中で。

～「別れの曲」の空間化を通して
　私が見つけたこと～

設計主旨：「この曲は、なんだか人生みたいだ」。
本卒業制作は、私がピアノを習っていた当時、私自身の中にあらわれた感動から始まる。ショパン・エチュードOp.10-3「別れの曲」。曲との出会いから現在まで、永く私のそばにある曲。私が感動したこの曲は、どんな形をしているのだろう？ どんな世界を秘めているのだろう？ 見てみたいし、知りたいと思った。そこで私は、本制作を通して、私が大きな感動を受けた「別れの曲」を空間化することに挑む。

■ 制作プロセス

この曲への感動、「人生みたいだ」と思ったことに影響を与えるものは、大きく4つあると考える。

1. 音
2. 強弱
3. 速さ
4. 演奏時に私の心の中に浮かぶ情景

1を楽譜から、2、3を楽譜と私自身の演奏法から読み取る。全てをグラフ化。それらを合わせ、「曲の流形」を生み出す。

4について、私自身がこの曲を演奏するときに浮かぶ情景をスケッチに描き出すことから始め、「情景モデル」を制作するための操作を行う。

「情景モデル」を空間構成の手がかりとし、「曲の流形」に対し空間を制作する。

1. 曲の流形の制作

音、強弱、速さそれぞれを楽譜と自身の演奏法から読み取り、グラフ化したものを合成。さらにそれを拡大させ、空間構成の土台となる「曲の流形」を生み出す。

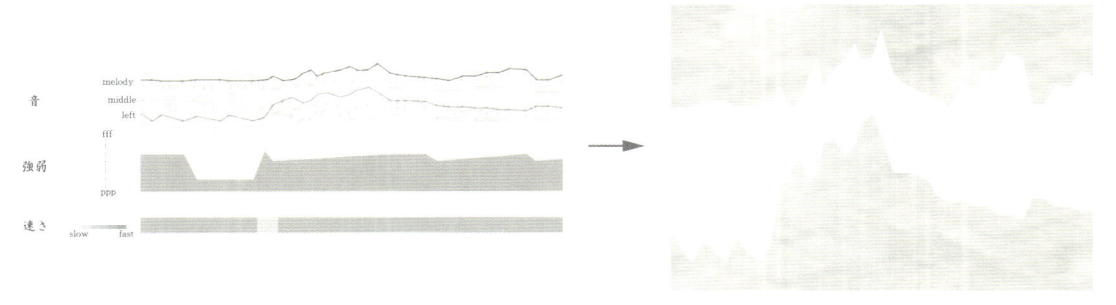

荻尾 明日海
Asumi Ogio

関東学院大学
建築・環境学部 建築・環境学科
粕谷淳司研究室

2. 情景のスケッチ

私自身がこの曲を演奏するときに浮かぶ情景をスケッチで描き出す。計58のシーンに分けられた。(曲の中での場面の切り替わり)

3. 情景の言語変換

スケッチから、自分が思い浮かべていたことを整理する。

4. 言語の記号化

空間に落とし込むため、情景を簡略化する操作を行う。

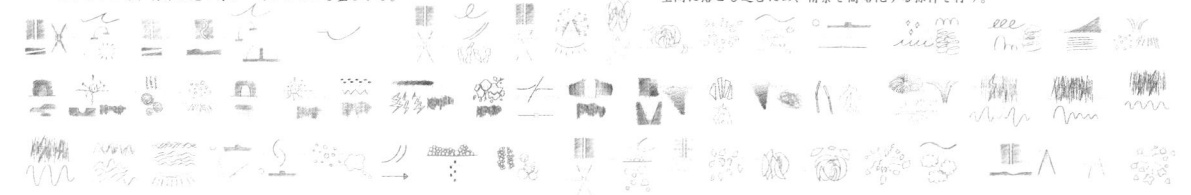

5. 記号から情景モデルの制作

ここではスケールは考えない。できた空間から想像する。

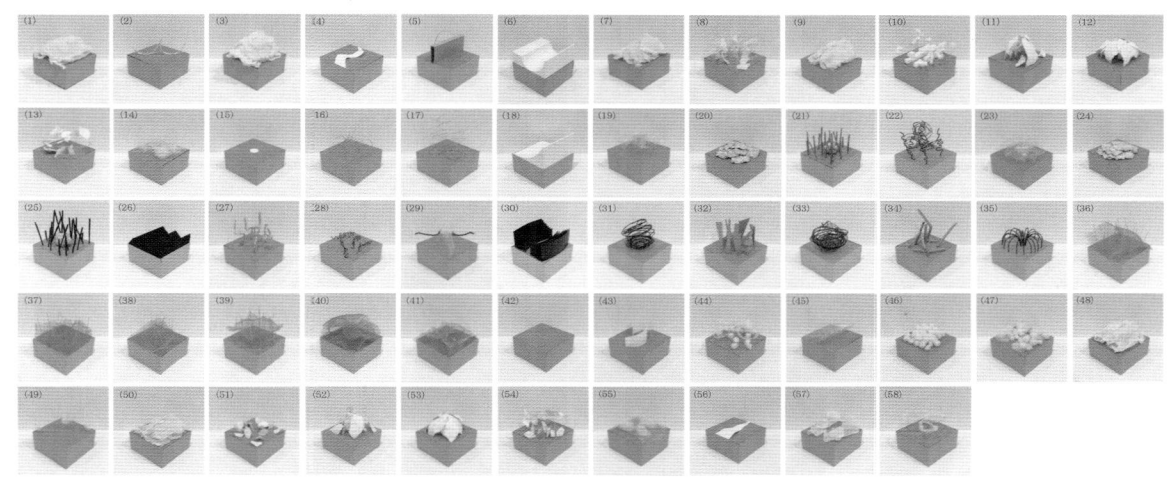

6. 1「曲の流形」、5「情景モデル」から曲の空間を制作

「情景モデル」を空間構成の手がかりとし、「曲の流形」に対し空間を制作。同時に、前段階で得たイメージ、言葉等も駆使し空間を創造する。

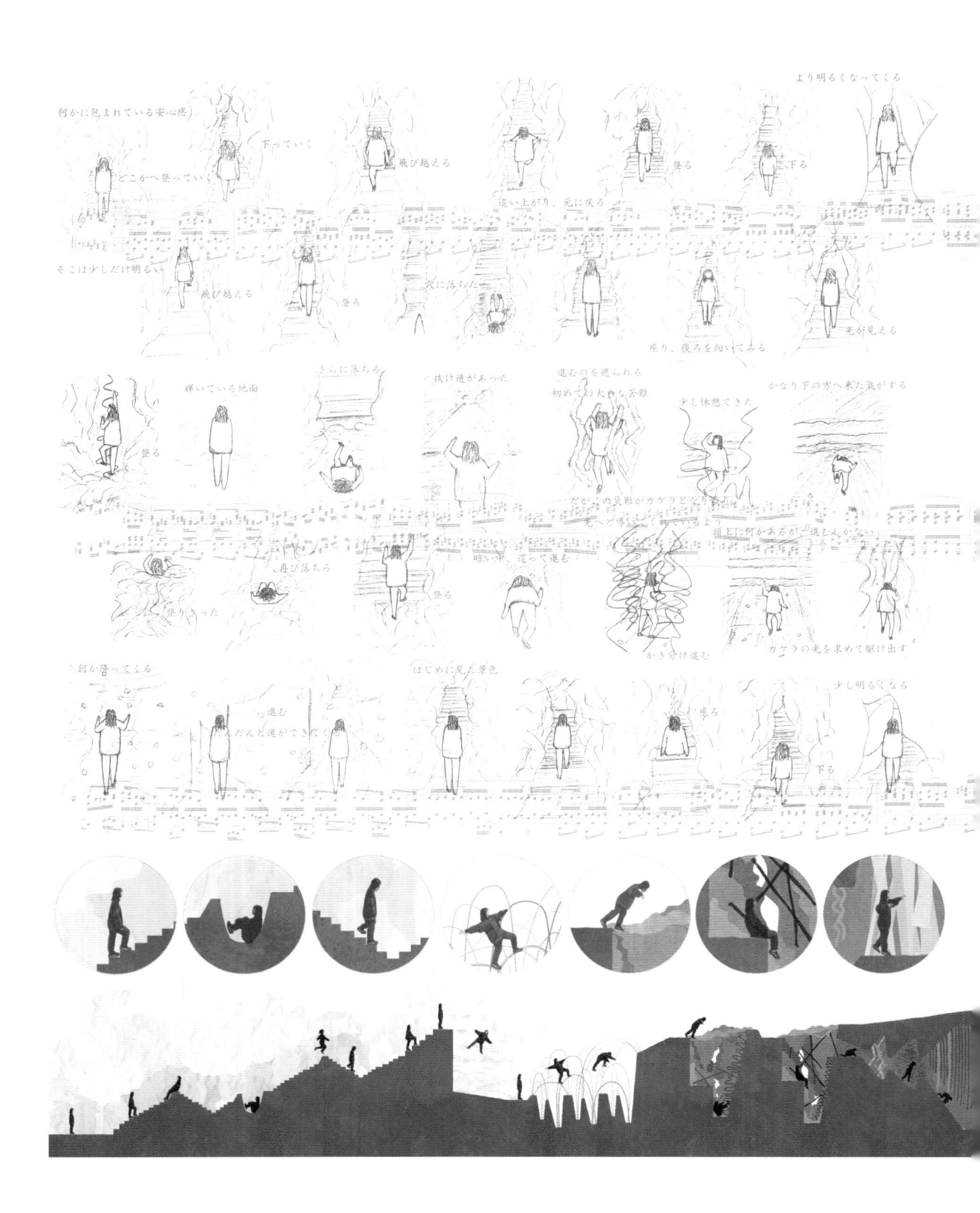

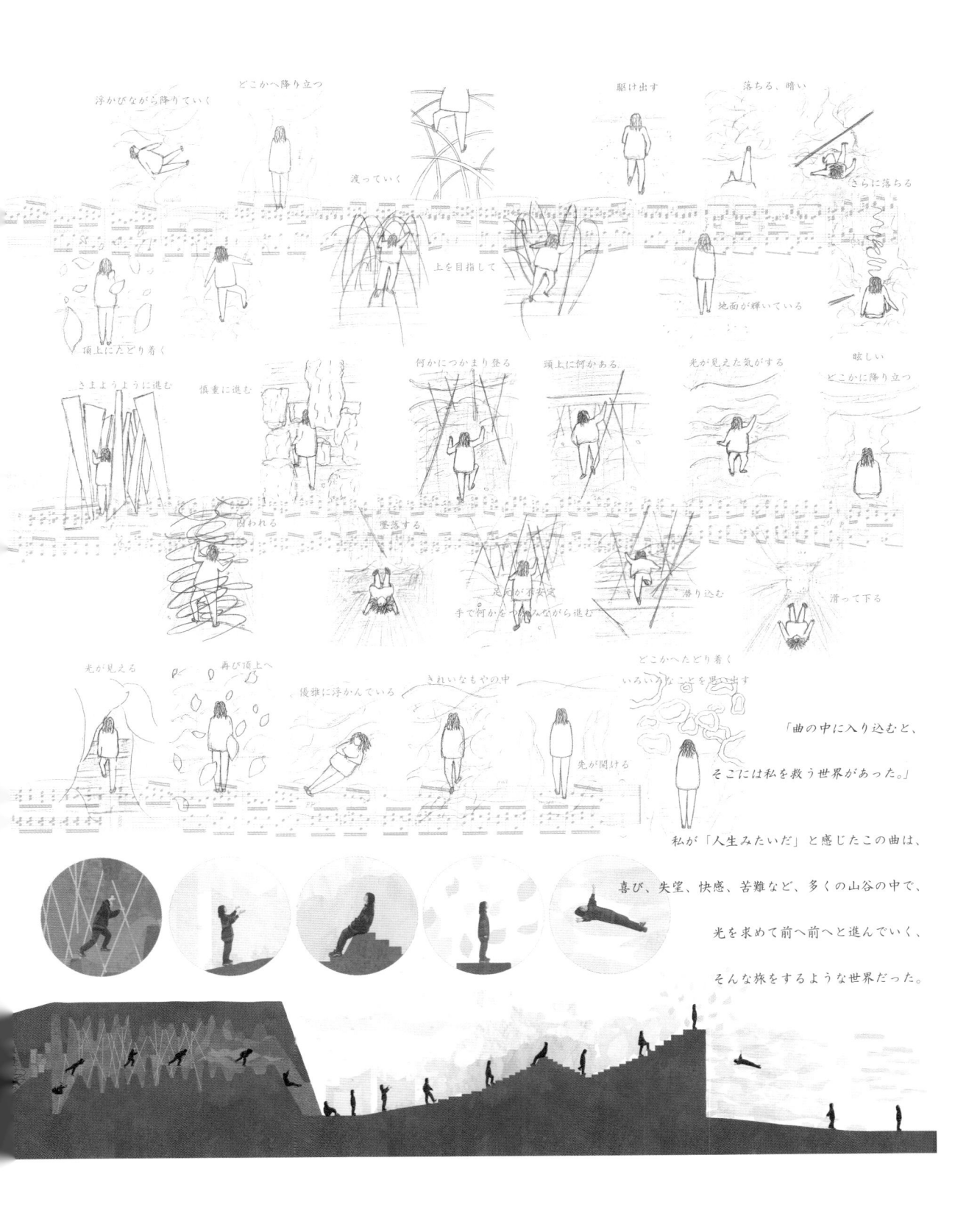

「曲の中に入り込むと、

そこには私を救う世界があった。」

私が「人生みたいだ」と感じたこの曲は、

喜び、失望、快感、苦難など、多くの山谷の中で、

光を求めて前へ前へと進んでいく、

そんな旅をするような世界だった。

新しい制服のかたち

設計主旨：多様性が叫ばれ始めた近年において、教育も多様化の一途をたどっているが、制服はいまだに、全員で単一の物を着る、というスタイルに止まっている。多様性の観点や、没個性、全体主義の問題から制服制度をなくす学校もあるが、制服は、仲間意識を生み出したり、格差を見えづらくしたりするものとして有効な装置である。本プロジェクトでは、制服をアップデートすることを試みた。

稲田 駿平
Shumpei Inada

慶應義塾大学SFC
環境情報学部 環境情報学科
鳴川肇研究室

CAVE STREET
線上の余白

スラム街の日常に根付く避難タワー及び
避難経路の提案

設計主旨：私はスラム街に避難タワーを3つ設計した。それはちょっとおかしな目に
とまる形をするが、どこかスラム街の面影を残している。それはスラム街のインフラで
あり、生活の一部だ。過密なスラム街の中に現れる、日常的機能を付加した避難タ
ワーは住人の余白の場となり、住人の避難経路を日常化させ、スラム街に溶け込み
ながら人々の日常に根付く。これはスラム街の日常の中にタワーのある生活を描いた
提案である。

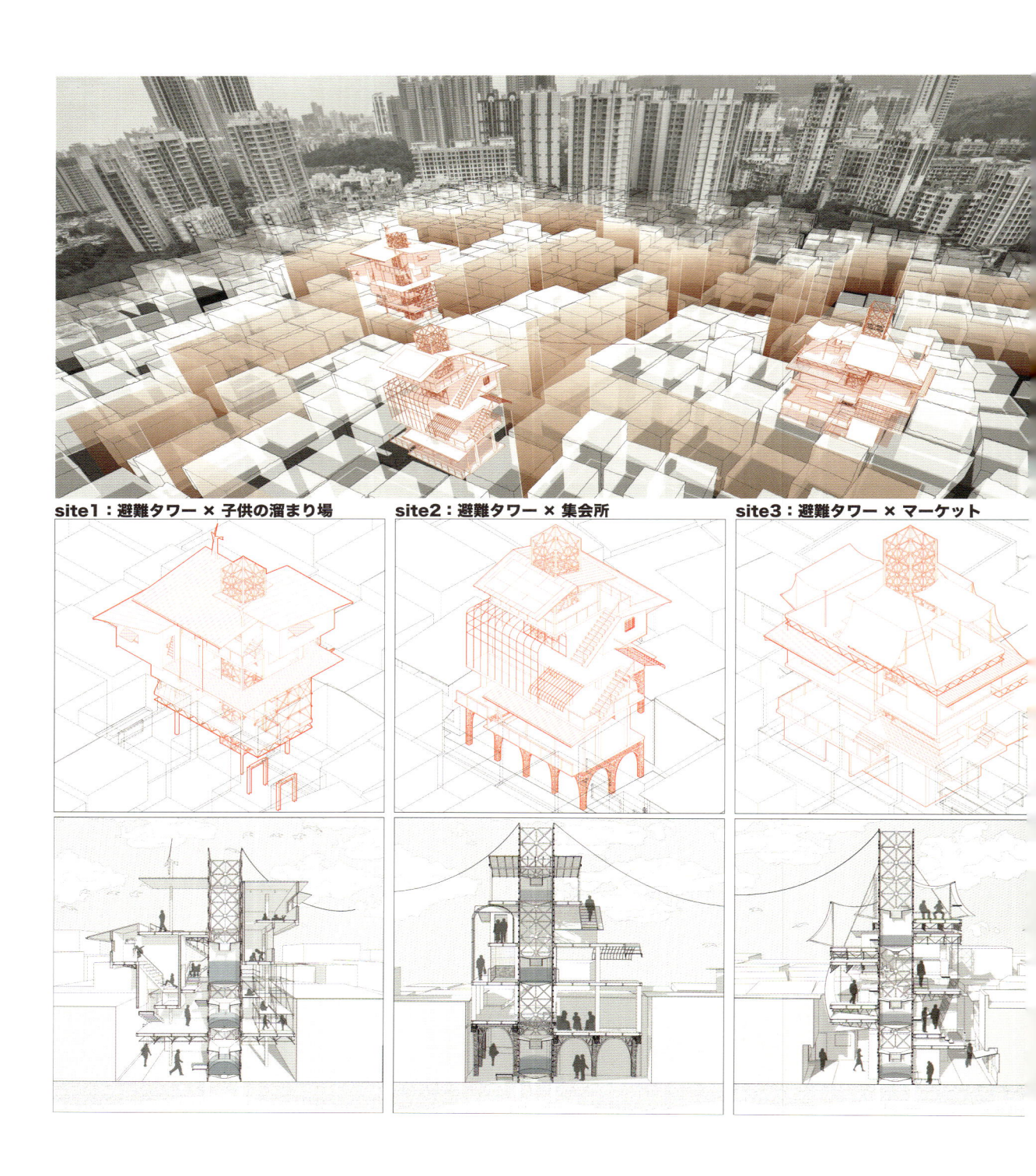

site1：避難タワー × 子供の溜まり場　　**site2：避難タワー × 集会所**　　**site3：避難タワー × マーケット**

仁昌寺 天心
Tenshin Nishoji

神奈川大学
工学部 建築学科
六角美瑠研究室

設計手法：避難タワー

1. 要素をカタログ化：調査で得たスラムらしさを写真で抽出し、カタログにまとめ言語を与える。

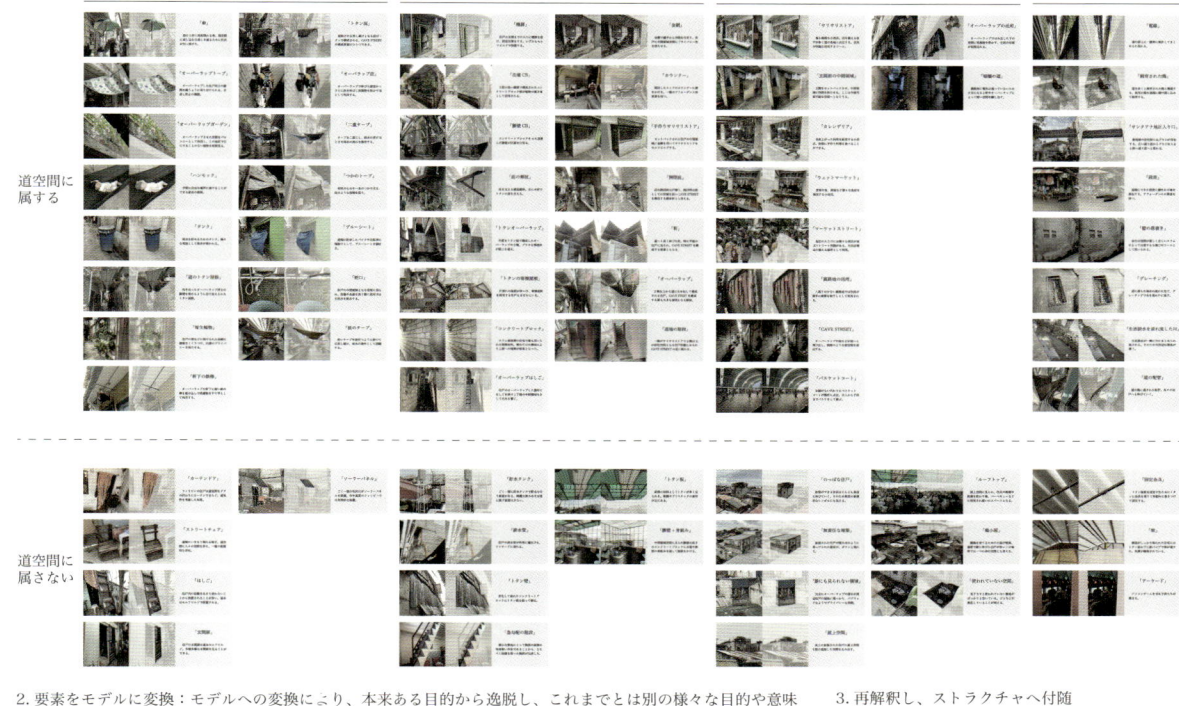

建築に寄生するもの（セルフビルド）　建築を形成するエレメント　空間化するもの　その他

道空間に属する

道空間に属さない

2. 要素をモデルに変換：モデルへの変換により、本来ある目的から逸脱し、これまでとは別の様々な目的や意味を連想させる。

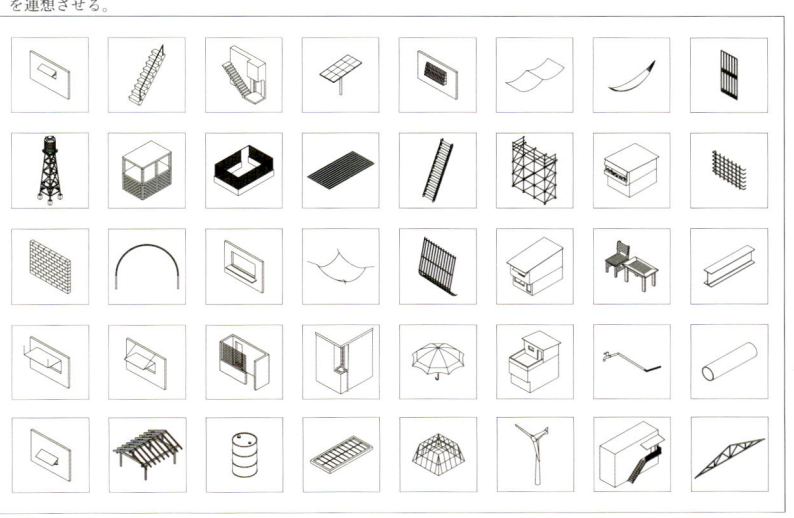

3. 再解釈し、ストラクチャへ付随

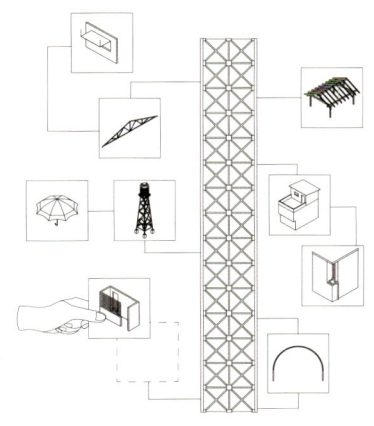

モデルに変換されたアイコンがこれまでとは異なる意味を持って新たにタワーへと付随される。それは目にとまる、おかしな形をするがどこかスラムの風景や面影を残していく。

site1：避難タワー × 子供の溜まり場

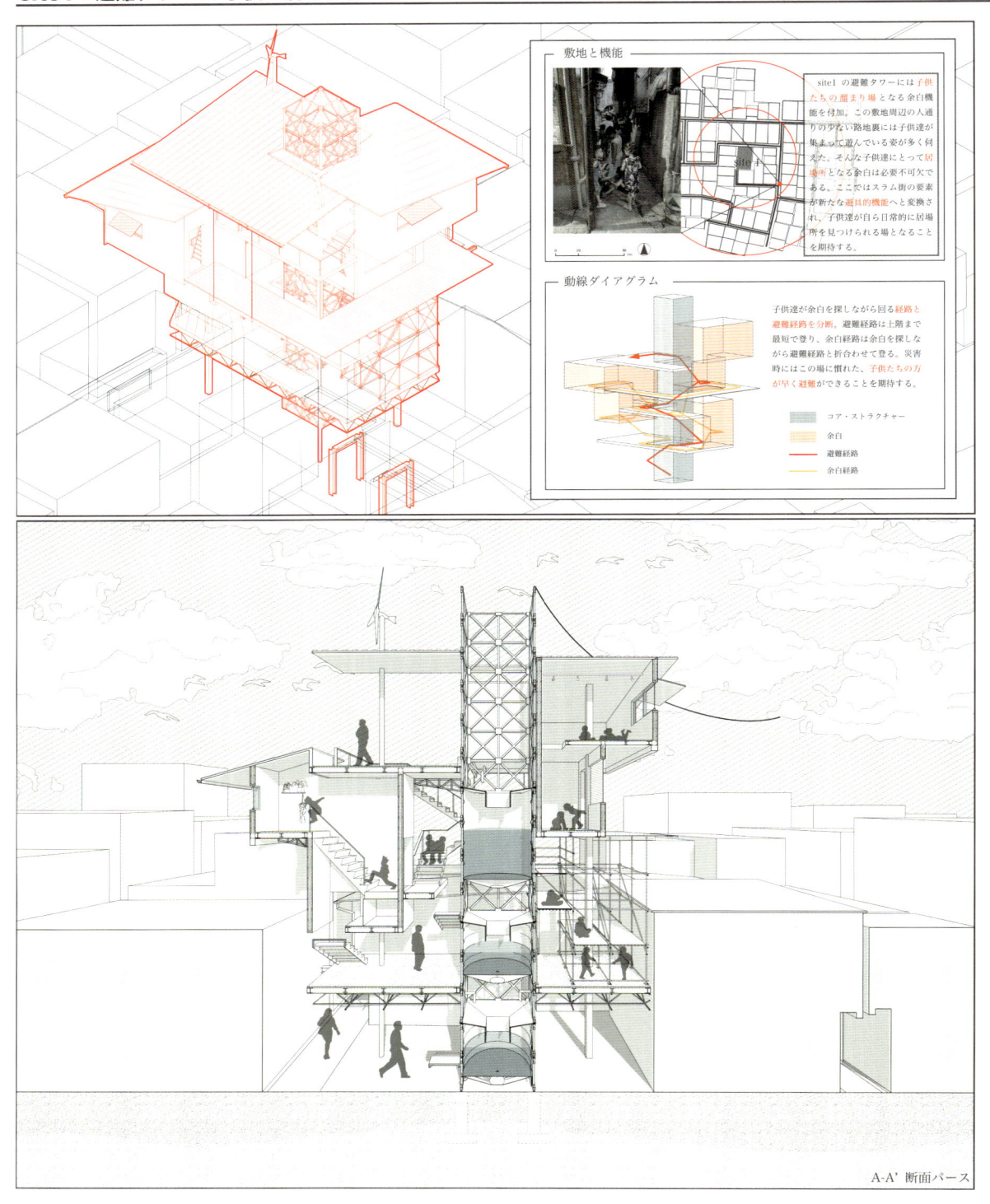

敷地と機能

site1 の避難タワーには子供たちの溜まり場となる余白機能を付加。この敷地周辺の人通りの少ない路地裏には子供達が集まって遊んでいる姿が多く何えた。そんな子供達にとって居場所となる余白は必要不可欠である。ここではスラム街の要素が新たな避具的機能へと変換され、子供達が自ら日常的に居場所を見つけられる場となることを期待する。

動線ダイアグラム

子供達が余白を探しながら回る経路と避難経路を分断。避難経路は上階まで最短で登り、余白経路は余白を探しながら避難経路と折合わせて登る。災害時にはこの場に慣れた、子供たちの方が早く避難ができることを期待する。

コア・ストラクチャー
余白
避難経路
余白経路

A-A' 断面パース

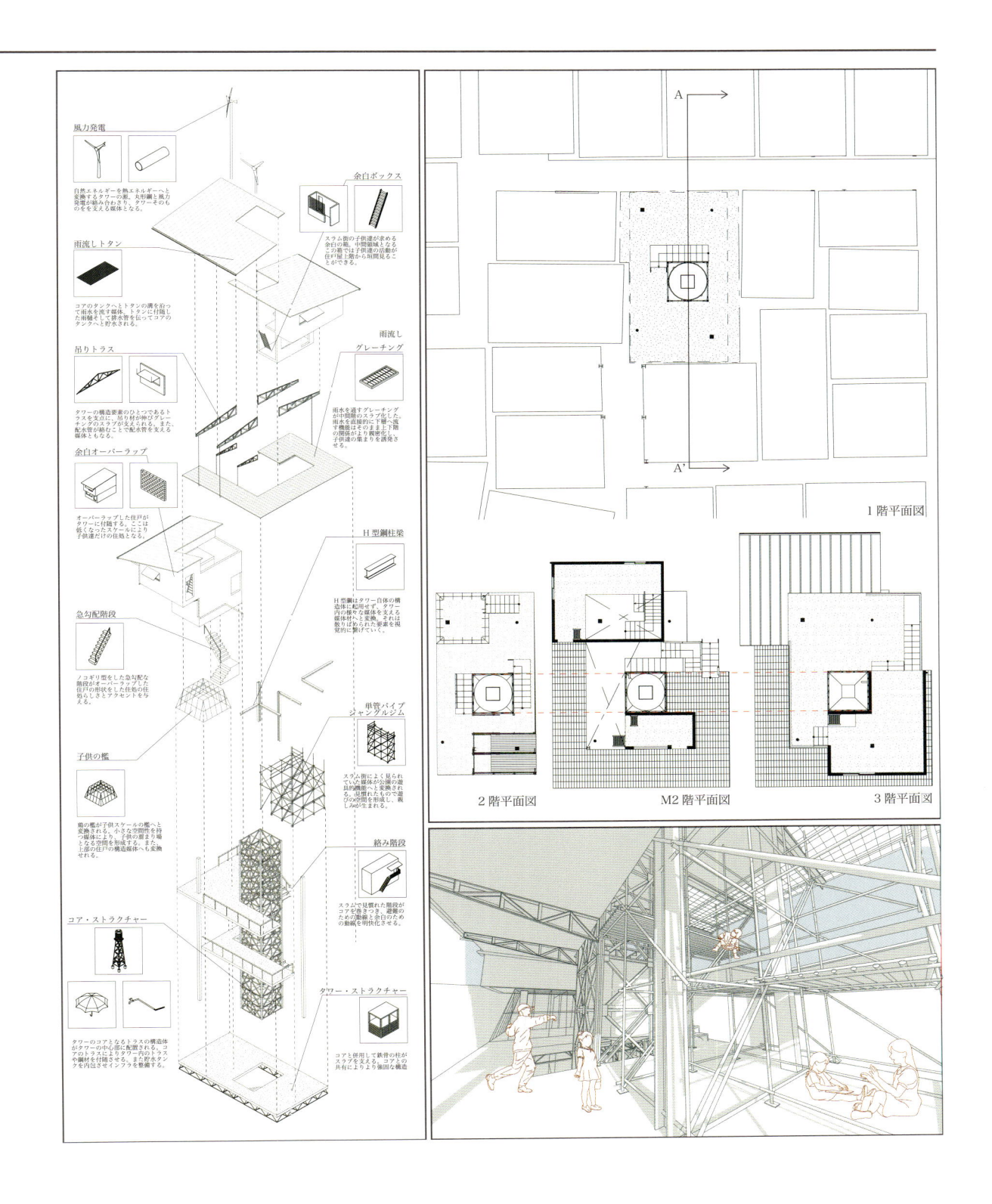

左カラム（展開図の各要素）

風力発電
自然エネルギーを熱エネルギーへと変換するタワーの源。丸形鋼と風力発電が絡み合わさり、タワーそのものを支える媒体となる。

余白ボックス
スラム街の子供達が求める余白の箱。中間領域となるこの箱では子供達の活動が住戸屋上階から垣間見ることができる。

雨流しトタン
コアのタンクへとトタンの溝を伝って雨水を流す媒体。トタンに付随した雨樋そして排水管を伝ってコアのタンクへと貯水される。

吊りトラス
タワーの構造要素のひとつであるトラスを支点に、吊り材が伸びてグレーチングのスラブを支えられる。また、配水管が絡むことで配水管を支える媒体ともなる。

雨流し
グレーチング
雨水を通すグレーチングが中間階のスラブ化した、雨水を直接的に下層へ導く機能はそのまま上下層の関係性がより稠密化し、子供達の集まりを誘発させる。

余白オーバーラップ
オーバーラップした住戸がタワーに付随する。ここは低くなったスケールにより子供達だけの住処となる。

H型鋼柱梁
H型鋼はタワー自体の構造体に起用せず、タワー内の様々な媒体を支える媒体材へと変換、それは散り止められた要素を視覚的に繋げていく。

急勾配階段
ノコギリ型をした急勾配な階段がオーバーラップした住戸の形状に合った住処らしさとアクセントを与える。

単管パイプ
ジャングルジム
スラム街によく見られている躯体から鋼材の遊具機能へと変換される。見慣れたものでの遊びの空間を形成し、親しみが生まれる。

子供の檻
鶏の檻が子供スケールの檻へと変換される。小さな空間性を持つ媒体により、子供の巣まる場となる空間を形成する。また上部の住戸の構造体へも変換される。

絡み階段
スラムで見慣れた階段がコアに巻きつき、避難のための動線と余白のための動線を明晰化させる。

コア・ストラクチャー
タワーのコアとなるトラスの構造体がタワーの中心部に配置される。トラスのコア周りにはタワー・ストラクチャーの鋼材を付随させる。また貯水タンクを内包させインフラを整備する。

タワー・ストラクチャー
コアと併用して鉄骨の杆がスラブを支える。コアとの共有によりより強固な構造

右カラム（図面）

A →

A' →

1 階平面図

2 階平面図　　　M2 階平面図　　　3 階平面図

写真駆動建築
Photo―driven Architecture
'TOKYO/Corner'

設計主旨：杉本博司はピンボケ写真によって建築の'オーラ'を捉えてみせた。その伝説的な写真作品の立脚点を"20世紀的な敷地のあり方による周囲との切断"と仮定する。台東区鳥越は20世紀的名作建築の敷地とは対極の様相を呈する。周囲と癒着する場所で"街並みに溶け消えないコアエッセンス"をピンボケによって抽出し再構成し、本当に溶け消えないのかを再びピンボケさせて検証する。写真をスタディ模型と等価な存在として扱う設計手法を写真駆動建築として提案する。

藤原 禎之
Yoshiyuki Fujiwara

東京工芸大学
工学部 工学科 建築コース
建築設計計画Ⅱ（田村裕希）研究室

杉本博司は，ピンボケ写真によって建築の'オーラ'を捉えて見せた．その伝説的な写真作品の立脚点を「20 世紀的な敷地のあり方による周囲との切断」と仮定し，現代の東京における私なりの写真駆動建築を考える．今回の敷地である台東区鳥越は「地域別まちづくり方針」で「ものづくり」を核とした既存ストックの更新による賑わいの創出を目指す地域であり，設定敷地ももれなく鳥越祭の朱引に該当する道が通っているなど，賑わいそのものと常に関係するような場所である．加えて建築は周囲と癒着し，20 世紀的名作建築の敷地とは対極の様相を呈す．また，この地域は第二次大戦の戦火を免れた地域でもあり当時からの建物や敷地のあとがいまだに残る，再開発によって建ったビルなどとも混ざりあう場所も増えているが，こうした歴史ある密集地で，Leica M10-P と宮崎工学 ISMf1.0 というレンズを用いてピンボケ写真を撮ることで「街並みに溶け消えないコアエッセンス」を抽出する．提案する建築は，コアエッセンスを再構成してデザインしたある若い夫婦のためのスタジオを併設した住宅である．こうしてデザインされた建築は密集地においても街に溶け消えることなくその痕跡を写真に残すのか，あるいは建築としての全体は街に溶けて消えていってしまうのか．その検証は再びピンボケ写真を用いて行う．写真で作品性を実証する建築ではなく，写真そのものを設計に変換する触媒，言い換えるならばスタディ模型と等価な存在として扱うことで設計を行う建築を写真駆動建築として提案する．

｜背景と仮説
1-1
建築のオーラ
杉本博司は『苔のむすまで』において"建築家は仕事を始めるに当たって，まずその建築のあるべき姿を思い浮かべる．（中略）建築物は建築の墓なのだ．その墓に無限の倍の焦点を当ててみると，死んでも死にきれなかった建築の魂が写っていることがある．"と述べており，この「魂」を建築の'オーラ'と読み替え，そのオーラたらしめるものを探る．

1-2
20 世紀的な敷地のあり方と東京
杉本博司の捉えた 20 世紀的名作建築を敷地の問題から読み解くと，「広大な敷地」に「ポツンと」建築が配置されるという共通点が見出せ，これを「20 世紀的な敷地のあり方による周囲との切断」と仮定し現在の東京という街と比較する．敷地に設定した台東区鳥越エリアは都内でも特に建物同士の距離が近く，癒着しているかのようである．つまり 20 世紀的名作建築の敷地とは対極の様相を呈していると言える．こうした条件であっても'建築のオーラ'を捉えることは可能かという問いの検証を試みる．

2-1
ピンボケ写真の効果
ピンボケ写真を用いて都市を撮影する．ピンボケさせることで一見すると情報量が下がるが，撮影された写真の撮影者の意図や被写体 - 背景の関係が曖昧になることでフラットになり，1 枚の写真を構成する要素を等価に観察可能であると言える．また，ディティールが消失することでスケールの拠り所がなくなり，異化できる可能性を孕んでいる．

2-2
都市のコアエッセンス
等価に扱えるようになった写真は一体何を写しているのかを考察する．'建築のオーラ'を「建築の純粋なエッセンス」とするならば，こうした写真からは「ピンボケによっても溶け消えなかったエッセンス」が抽出可能である．そうした要素を'都市のコアエッセンス'と定義する．

2-3
都市のカタログ化
これらの写真に視点場を設けるために言葉によって分類をする．まず，全く同じ構図で撮影された通常の写真を 30 語で括りだし，その後に全く同じ語でピンボケ写真を分類する．結果，全く同じ内容なのにも関わらずピンボケさせるだけで分類に差が生じた．都市を見たときの純粋な要素を捉えたものとしてピンボケ写真のカタログを作成し，それを用いてスタディへと移行する．

｜設計手法
3-1
模型をピンボケさせる
分析によって得られた都市のカタログをもとに設計を行う．カタログから任意に要素を選択し，そこに建築的なスケールを与え要素同士を組み合わせて構成して行く．そのとき，かたちを与えられたものがどれくらい溶けるのか，どれくらい溶け消えないのかをピンボケさせて撮影しこれを繰り返す．

3-2
写真によって駆動する建築
ピンボケの繰り返しの果てに溶け消えない要素のみで構成された建築が出来上がる．そこにカタチとは別に抽出しておいた色を写真の中の関係性などからサンプリングして与える．そして最後にできた模型すらもピンボケさせて撮影し本当に溶け込まないのかを検証する．このように写真で建築の作品性を実証するのではなく，写真そのものを建築設計を駆動させる道具として扱うことを写真駆動建築として提案する．

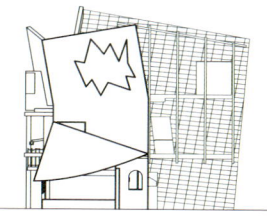

North elevation   S=1:400

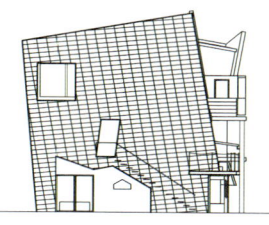

South elevation   S=1:400

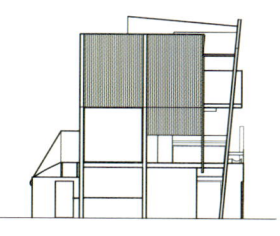

West elevation   S=1:400

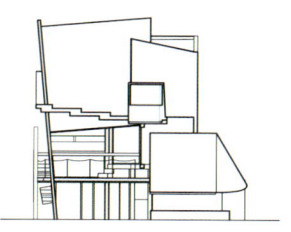

East elevation   S=1:400

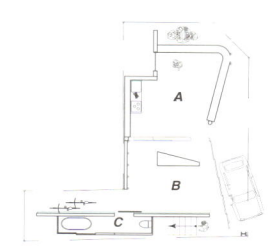

1F Plan   S=1:400

A : Kitchen
B : Parking Lot
C : Bathroom

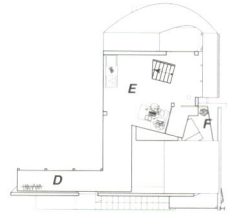

2F Plan   S=1:400

D : Closet
E : Living
F : Veranda

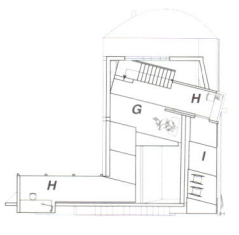

3F Plan   S=1:400

G : Bedroom
H : Study
I : Balcony

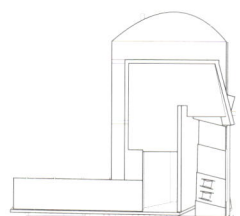

Roof Plan   S=1:400

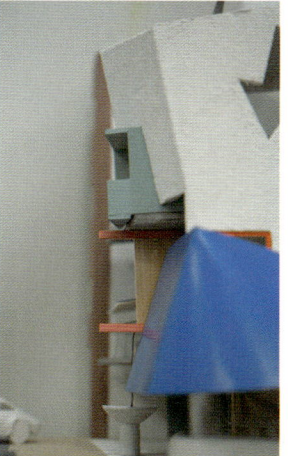

Interview

出展者インタビュー

THE 35th
GRADUATION
ARCHITECTURE
COMPETITION
7 UNIVERSITIES and
1 VOCATIONAL SCHOOL
in KANAGAWA

浅野工学専門学校

あなたのME
～都市生活における
日常の映画制作的
リノベーション～

谷米 匠太
(P.94)

日常の価値は見えづらくて、それを体感するには他者や自分の周りの環境が自分の世界に入ってくる瞬間（シーン）を経験することが重要だと考えています。そのシーンを経験するために、3つの場所（道、公園、駅）で写真を撮り、そのカットの中にどういうシーンが起こり得るかを想定して、それを成立させるためのセットを設計しました。それを映画制作的リノベーションと呼んでいます。最終的にそれをオムニバス映画としてアウトプットして、操作を加えたことによって、道と公園と駅がどのように見え方が変わるのかを表しました。

もともと映画が好きで、その中でも「シーン」にずっと興味があります。建築よりも、その手前や奥にいる人や物がどう見えるのか、日常も見方を変えるだけで価値が転換できることを示したいと思いました。ただ、それを建築作品として見せることができるかは正直葛藤がありました。

でも建築は空間を巡ることによって全体を知覚すると思うので、シークエンスを巡る動画での表現は、純粋に建築と言えるのではないかと考えました。プレゼンでは映画が完成しきっていなかったこともあり、なかなか共感を得るのが難しかったのですが、この案の感覚的な面白さは評価をしていただきました。プレゼンでの見せ方は、今回一番の課題だったと思っています。

作業として大変だったのはやはり最後の映画づくりでした。動画をスクリーンショットして、そこにセットを書き込んでいくのですが、これがコマ撮りで3カ所で合計1500枚くらいあり、それを組み合わせて映画にするのは膨大な作業量でした。同時に模型もつくっているので、その進行のマネジメントには苦労しましたが、自分がこれまで考えてきたことをつなぐ重要な作品として、とにかく伝えたい一心でやり抜くことができました。

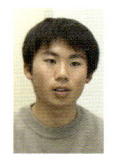

by the dogs
for the dogs
犬の殺処分がない世界

久保田 大介
(P.96)

家で飼っていた犬が老衰で亡くなったときに、幸せに過ごせただろうかと思いました。最後まで生き抜く犬もいれば、人の勝手な理由で殺処分されることもあります。卒業設計では、保護施設や殺処分の問題点を浮き彫りにして、建築を通してできることを提案しました。

地元である神奈川の保護センターや動物愛護センターに行き、犬の生活や引き取られる数などを調べました。全国的に見ると殺処分数は減少していますが、まだまだあるのが現状です。

一般的な保護施設では犬が個別に管理されて生活しています。鉄の檻に入れられているところもあったので、それを変えてみようと思いました。保護犬といってもすべての犬が引き取られるわけではなく、そこで最後を迎える犬もいます。引き取られても引き取られなくても幸せになるように、広い場所で犬たちが仲間をつくったり、好きな

ように生きていけることを目標に設計しました。犬の教育も大事ですが、犬を飼う人の教育もできる場もつくりました。敷地は山奥ではなく気軽に立ち寄れる場所を検討し、犬を飼う人が多い鎌倉の公園を選びました。

担当教員とはRC造か木造にするか、ただの保護施設ではなくどのように使われるかについても話し合いました。具体的なアドバイスや参考意見を受けて、それらを組み合わせて設計していきました。2月初旬に行われた学内審査会では、模型のつくり方、完成度を評価されました。そこでJIAの卒業設計コンクールに出ることが決まり、10日ほどしか期間がありませんでしたが、卒業制作よりも設計の敷地を広げました。

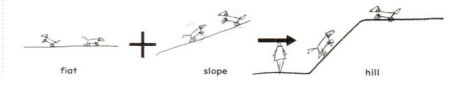

flat + slope → hill

神奈川大学

記録される街並み
駅前再開発を再考する

棚橋 美槻
(P.90)

住まいに近く慣れ親しんだ溝の口には、元闇市だった商店街や立体的な歩道橋など建築的に面白いものが残っていますが、建物の移り変わりが激しくビルが建ち並び、再開発途中の空き地や駅前駐輪場なども増えています。私は消えていく駅前の特徴を記録し、残していけるような建築をつくりたいと考えました。

街を調査して、元闇市、歩道橋、街道、銭湯など、この場所に残していくべき歴史を再構成して建築に取り入れました。建築物をそのまま保存する手法もありますが、街に住む人々の目線を記録し、みんなが活き活きするような動線、機能をここに再展開しました。

平面的に広がっている駐輪場を立体化することで、街道沿いの人の流れが蘇ると考えました。マンションが建ち並ぶのではなく、立体化した商店街を設計することで人の流れが変わっていきます。

人が集まるというより、人々が街道沿いや街中を歩いているような風景、その軌跡を体験できる道を建物の中につくりたいと考え、それを模型で表現しました。

はじめは元闇市の敷地をテーマに考えていましたが、指導教員から闇市だけではなく、建築的に面白い場所が他にもあるのではとアドバイスいただき、人の流れや建築的な面白さ、歴史まで視野を広げていきました。駐輪場は1階、2階に集めていたのですが、道のような建築にするなら、点在したほうが良いとアドバイスをいただきました。

学内の講評会では建築を保存するだけではなく記録すること、人の目線や流れを意識しながら設計したことが評価されたと思います。

卒業設計では街の均質化を変えるところまではできなかったので、街並みをより良くしていくことについて今後も考えていきたいです。

CAVE STREET
線上の余白
スラム街の日常に根付く
避難タワー及び避難経路
の提案

仁昌寺 天心
(P.60)

私はフィリピンで生まれ3歳から日本に来ました。以後毎年のように母の実家に行っていたので、フィリピンには小さい頃から馴染みがあります。

フィリピンの貧困層の地域を対象に生活環境を良くする建築を考えようと、2023年の夏から卒業制作に取り組みました。対象地はスラム街の中でも生活水準が比較的良いほうですが、住居が密集して違法建築もあります。

調査のためにフィリピンへ2回行き、現地に住む知人を通じて聞き込みをしたり、スラムらしい写真を撮り集めました。日本に帰ってからそれらをもとに居住環境にアプローチする装置を考えていました。

しかし2023年12月3日にフィリピンで大地震が発生したのをニュースで見て、スラム街で災害が発生すると大変なことになると思い、防災に対する建築の提案に急遽変更しました。それまでやっていた生活環境改善については修

士で続けていく予定なので、一旦ストップしています。防災に切り替えてからすぐに避難タワーをつくろうと思いました。ここには災害時の避難場所だけでなくスラム街に足りない生活の機能が入っています。

学内では先輩たちとエスキスを重ねていきました。防災や構造に詳しい先輩からもアドバイスを受けました。学内の講評会で指摘されたのは100年後に対する災害なのか身近な災害に対するものかが明白ではない、津波がきたときに水をどう受け流すかが考慮できていないとの指摘がありました。造形についての評価は良かったです。

フィリピンでは自然災害が多いにもかかわらず、スラムの人たちは避難意識があまりなく安全な場所も少ないので、このような強固な施設があればおのずと逃げてくるでしょう。そこに日常的な機能を入れることで、避難経路が日常化されることが一番の目的です。

閑日月
－瀬戸内海に馳せる
　自己意識創出の
　旅の始まり－

西岡 理子
(P.92)

私は広島市出身で、自然豊かな環境で育ちました。これまで自然を通して自分と向き合う時間をもってきたので、そういう体験のできる宿泊施設を地元の広島でつくりたいと思いました。敷地に選んだのは広島県と愛媛県を結ぶ7つの島で構成されている「とびしま海道」です。以前は各島がそれぞれ孤立して存在していましたが、島に橋が架かり行き来しやすくなると、船の利用者が減少して船着き場だけが取り残されてしまいました。この船着き場にGateとなる新しい建築を設けて、以前の活気ある姿を取り戻すとともに、新たな活用法を生み出したいと考えました。

このエリアが抱える高齢化・過疎化、後継者不足などの問題と、宿泊施設をどう組み合わせたらいいのか、そしてそれがこの場所に本当に必要なのか、答えを見つけるのに時間がかかりました。先生ともゼミで何度かやり取りして、このエリア全体を宿泊施設として捉えてみたらどうか

とアドバイスをもらい、そう考え始めたら全体のプログラムが見えてきました。

計画敷地は6つあるのですが、それをすべて細かくつくると全体の内容が薄くなってしまう可能性があったので、主に2つの敷地について具体的に計画しました。漁が盛んな島では、漁師さんの活動が見えるような場所をつくり、住民や自転車で訪れた旅人も一緒に関われる新たな空間をつくることを意識して設計しました。そのような新しいものによって人々が関わり合える点をまちづくりの手法として評価していただきました。

卒業設計は今までの課題とは違い、自分自身でテーマを設定できることが大きな魅力ですし、意義あることだと思います。提出直前の忙しいときに友人が真摯に相談にのってくれるなど、周りの人に支えられて無事終えられました。卒業制作を通して感謝の気持ちが一番大きいです。

まちの鼓動

薗田 さくら
(P.48)

地元は埼玉県の秩父市で、実家が神社です。今後は私たちの年代がまちを守る立場になっていきますが、歴史や文化、そして祭りを次の世代に伝えていけるだろうかという怖さをもっていました。家が神社なので余計に考えたのかもしれませんが、若い人は外に出たいし、なんとなくで祭りに参加している人も多いです。自分たちが守る立場になることを考えると、今のままではだめだと思いました。

神社の前の敷地にあるまつり会館は、観光客だけが利用している状態です。地元の人が利用しないのは、建物自体が理由かもしれないと思い、地元にとって身近な建物にしたい、そして祭りを象徴として歴史や文化もつないでいきたいと思いました。

神主である父、祖父に祭りの歴史を聞き、まつり会館でも利用者について聞くと、祭りのことを知りたい観光客が大勢いることに感動しました。だからこそ地元の人にももっと祭りについて知ってほしいと考えました。

卒業設計は、新たなまつり会館の前にまつりの道を通し、資料・展示物などを分散させて、人々が活動する空間を合わせることでまちに馴染む空間をつくりました。それを伝えるために手描きの絵で人の動きや、やさしさ、柔らかさを表現しました。

担当教員からは、新たにつくる、まつりの道のことをうまく伝えられると良いとアドバイスがありました。平面プランも迷いましたが、アドバイスを受けながら道や山車と建物の効果的な距離を考えました。

講評会では、まつり会館のデザインが軽いが、建築自体が歴史や文化をつないでいくものだから重厚なデザインが良いのではという評をいただきました。今の建物がそういう箱で入りづらいため、シンボリックではなくてまちに馴染んだ身近な建物というイメージでつくりました。

まちを癒やして

髙橋 梨菜
(P.28)

前期授業で元町、石川町、山手を対象に、まちに開いた公共施設をつくる課題を選びました。前期が終わったときに、地形にあわせて生活している人々に寄り添う建築を建てるところまでやってみようと思ったことがはじまりです。交通や道と住宅の関係性の調査を中心にこの地域を歩き、気になったことを記録し提案内容を考えました。

敷地の特徴は、急斜面で無機質な擁壁が下の住宅に向かっていることです。地形や擁壁によって湿気が溜まったり、交通が分断されていたりするなかで、人々の生活を手助けできるような建築ができないかと考えました。

周辺には学校が多いけれど、帰り道に勉強などで寄る場所がありません。駅に向かう会社員が本を借りるようなコワーキングスペースなどがあれば、まちにプラスになると思い、図書館やパブリックスペースなどの人が集まる空間を計画しました。

研究室の先生からは、1階に計画した遊歩道について回遊性も考えて道と建物をどう接続すればいいか、駅からの道をどのようにつなぐかをもう少し検討したほうが良いなどのアドバイスを受け、湿気の多い場所を風通し良くしたり、雨水の量を調整したりすることまで話し合いました。これまでの擁壁によるマイナス面をプラスに転換できないか、毎週のように断面図を描き直して構造の先生のアドバイスも受けました。そして、このまちの将来を考えるなら擁壁を補強しつつ人に寄り添うようなものが良いのではとアドバイスいただきました。

講評会では平面計画や動線、家具のレイアウトなど細かく設計し、模型で表現したところが評価されました。

この建築ができることによって、人の行動やまちも変わると思います。それをイメージしながら周辺から内部空間まで幅広く設計できたと思います。

私が奏でる
もうひとつの
世界の中で。
～「別れの曲」の
空間化を通して
私が見つけたこと～

荻尾 明日海
(P.52)

幼稚園から10年くらいピアノを習いました。小学生のときに初めてピアニストの演奏を聴いて感動したのが卒業制作でテーマにした「別れの曲」です。中学生でその曲を演奏する機会があり、なぜか人生のように感じました。それを形にしたいと考えたのが今回のきっかけです。

私にとって卒業制作はカリキュラムに囚われないことができる唯一の機会であり、感じていたことを自由に表現できる場です。まず自分が曲を弾くときに思い浮かべる情景を、楽譜に沿って図に描き、言葉にしていきました。模型は曲を形として表現するために素材感を大事にして、例えば明るい場所と暗い場所の対比も考えながら、トレペとアルミホイルで光の入り方の違いを出すなどしています。自分が弾いた曲にあわせてパースが移り変わっていく動画をつくり、QRコードで見られるようにもしました。

研究室の先生からのアドバイスはたくさんいただきましたが、自分の中にあるものを表現したい思いが強かったので、自分の思いを突き通しました。その結果、自分が見てみたかった空間、自分が辛いときに包んでくれる居場所ができたと思います。学内講評会ではプレゼンに感動したとか、内的なことを考えることが卒業設計にふさわしいなどと言ってくれる先生もいました。

誰にも、思い入れがあって寄り添ってくれる曲があると思うので、その曲から空間を制作することで自分がほしい居場所が見つけられると思いました。建築とは関係ないことからも、必要な場所ができるという発見ができたことは良かったと思います。

審査会の後、出展者に卒業設計ができるまでの取り組みや苦労した点、卒業設計で得たもの、
これから卒業設計に取り組む後輩たちの学びへとつながるような話を伺いました。

The Story of Urbanist
市民と共に
赤羽の未来を創造する

杉本 涼太
(P.88)

市街地再開発事業では市民の声があまり反映されず、古い建物や飲み屋街などがビルやマンションに建て替えられてしまうことが多いと感じています。そこで、赤羽の闇市に起源をもつ横丁が広がる場所を敷地に選び、再開発に対する違和感を考えるために、設計とまちづくりの2つのテーマで卒業制作を行いました。

春にはじめた設計は、商店街のコミュニティが生まれることをコンセプトに、空き家となった3軒の長屋を改修する提案です。秋からは地元の議員や学生団体と協力して、まちづくりのワークショップを開催し、市民と議論を重ねました。はじめにテーマを決めるのではなく、まちに入って行動することから見えてくることがあると考えました。

また、再開発したくないといっても防災の面で課題があります。それらを更新して経済的な面も吸収しつつ、赤羽らしい飲み屋街を継承していく提案や、荒川の観光地化や緑豊かな公園などの提案、さらに将来飛行モビリティを実現することで自転車の違法駐輪の問題が解消されて、歩きやすいまちになるという提案もしました。

私は情報系に興味があるので、今回、生成AIを利用してまちづくりに関わりました。生成AIの利点は大量に安価でイメージを共有できることです。AIで生成した画像についての意見もあれば、市民しか知らないエリアの話が出るのは画像があるからこそだと思います。

JIAの卒業設計コンクールの後は、パネルと模型を赤羽に持って行き、赤羽の市民に向けて展示をしました（写真）。

新・御境内林苑計画
神宮の森を再生し、
成長する植物園

北島 光太郎
(P.44)

昨年バルセロナに行ったときに、線路上に遊歩道をつくって緑道化した空間に出合いました。都市空間に壁ができていると思い当初は印象が悪かったのですが、遊歩道を歩いてみると市民が集まり、緑化もうまくできていて心地良かったです。

東京では線路を地下化することで地上の線路空間が利用されていますが、地上2階、3階レベルに人の集まる空間がないと思ったことが卒業制作のスタートです。

敷地を考えるために地図を見ていると、線路を境にまちの様子が違うのが原宿でした。西側が代々木公園や明治神宮の緑地で、東側はボリュームが小さい建物が並んでいることから敷地に選びました。線路があることによって神聖な空間が保たれていたともいえます。このように最初は森ではなく線路上の空間に着目していました。明治神宮の森が人工物だと知ったときに線路の上に人工物を接続して

もいいと考えました。

指導教員とはストーリーや参道がどういう影響を与えるかの議論をしました。春学期の最後に行われた学内の講評会では、土地柄や宮廷ホーム、パワーのある原宿と接続しようとしているのに、都市構造だけに着目するのではなくもっと広く考えるべきだと指導されました。秋学期からは森の成り立ちや建築と植物の関係を深く考えるようになりました。森に着目点を置くにつれて、今までの植物園とは違う形をつくりながら、そこが森に変わっていくのが今までにない植物園の形だと考えるようになりました。

今後は、植物と建築の関係性についての興味があるので、大学院でも続けたいと思っています。そして、東京に残された高速道路などの巨大なインフラが姿を消した際に、そこをどう考えていくかが今後私たちの役割と思っているので、そこには興味を持ち続けていきたいです。

🏛 慶應義塾大学SFC

新しい制服のかたち

稲田 駿平
(P.56)

私は大学での建築の授業があまりうまくいかず、建築設計に馴染めずにいました。大学2年のときから個人的に服をつくっていたので、卒業プロジェクトは建築設計にせず、服を題材にしようと決めました。洋服は1/1でつくり、迫ってくる感覚が建築とは違うことから、私にはそれがしっくりきています。SFCでは卒業設計のメディアが建築と決まっているわけではないので、私のように建築設計以外に専門領域がある者にとってはとても良い環境だったと思います。

SFCでは、卒業制作という形で4年次から新たに何かを始めるというより、大学の4年間を通して取り組んできたものを文脈にのせ、卒業プロジェクトとする人が多いです。

私の場合も、2年からつくっていた服を卒業制作というコンテクストに乗せるという方法論をとりました。一続き

でつくってきた服を集めて、自分が何をしようとしていたのかを自分に対して説明していくプロセスが卒業制作の1年間でした。

テーマを制服にしようと思ったのは、偶然のなりゆきによるものでした。大学1年でソフトのIllustratorを練習しようと思い、SFCを文字ってScience Fiction Clubという架空のクラブのロゴをつくったのがきっかけです。クラブのロゴをつくったら制服が必要だ、ということになり、制服をつくり始めました。

生地はハードな質感の生成りが好きだったので、それ以後も生成りで服をつくり続け、気が付いたら生成りの制服がテーマになっていました。SFCには好奇心のまま何かをつくり続ける人が多くて、自分も思う存分夢中になれました。卒業後は服について専門に学び、学生服をデザインするビジネスもやっていければと考えています。

みんなで Personal Water Networkをつくる
自律分散協調型
水供給インフラの整備と普及

髙部 達也
(P.24)

研究室の先輩に現代のインフラとは違う選択として井戸を掘った人がいました。私はもともと1/1をつくるとかセルフビルドが好きだったので、そこから井戸を掘ることに興味をもちました。3年の冬からとりあえずやってみようと、江戸時代にはじまった上総掘りや現代のボーリングを参考にして、1人でもできるように必要な部分を抽出しながら井戸を掘り始めました。海外でも1人で井戸を掘る人がいますが、繊細な加工や専用の機械を使っています。それらのいいとこ取りをしつつ、新たに電動ドリルを取り入れたり、誰でもできるようにホームセンターなどで道具を揃えたりしました。大学の図書館には、学内の敷地調査のために20カ所くらいボーリングしたデータがあったので、その資料をもとに掘る場所を3カ所選びました。

担当教員を含め、自律分散協調型は中央集権型のインフラに対するオルタナティブな選択肢だと考えています。先生

の考えも教えていただきながら、井戸掘りの具体的なことは自分で考えてエスキスで進捗報告しながら取り組みました。

また、自律分散化の1つとして井戸掘りのマニュアルをつくりました。これを読んでより多くの人に井戸を掘ってもらうことを目指しています。

井戸を掘る櫓やマニュアルは、デザイン性も考えてつくりました。雑にデザインすると後の制作に支障をきたすこともあるため、最初から最後まで丁寧に設計しています。

今回水をテーマにしましたが、今後は発電、下水処理、ゴミ処理など人間が1人で暮らせる最低限のインフラをつくり、誰でもできるようにマニュアル化、ネットワーク化をしたいと考えています。井戸は1基ずつでは弱いインフラですが、それらを統括するアプリをつくることで群となり強いものになります。そういう自立分散協調型のパーソナルインフラネットワークを構築したいと思っています。

東海大学

地を仰ぐ
都市部に潜む
地と人を結ぶ媒介空間

猿山 綾花
(P.80)

現在の都市部はどこも個性が失われており、人々の暮らし方さえも均質化されてしまっていることを問題点として、人々の暮らしがにじみ出るような余白を街の中につくりたいと考えました。敷地は1、2カ月東京のいろいろな場所を歩き、イメージとギャップがあった白金台を選びました。白金台は土地の高低差があり、個性のある場所がたくさんあります。擁壁が多く、最初は街の中に高さ15cmくらいの低い壁を張り巡らせるようなスタディをしていました。しかし、もともとある壁を生かして石積み擁壁をつくり、地の個性を引き出すような道を設計することにしました。研究室の先生にも、大きな操作ではなく、細かく地に根付いていくような、じわじわと街に影響を与えていくような操作をしたらどうかとアドバイスいただきました。

敷地には含水率の差から乾燥した場所や逆にジメジメした場所があり、植生が多様なことがとても面白かったので、植生を含めこの場所の環境を細かく観察しました。また、空間を連続的に体験することが私の中で重要だったので、歩きながら動画を撮り、これまで見えていなかった部分が可視化されるような道となるように意識しました。

プレゼンでは街全体を俯瞰的に話すことはもちろん、人々の暮らしや行動を想像してもらえるように心がけました。そして手描きにもこだわりました。手描きは自分の主張したいところを強調できるので、まだまだ表現など勉強中ですが、これからも続けていきたいと思っています。

今回のコンセプトは時間をかけて検討できたのですが、形を考える時間が十分にとれなかったのが反省点です。先生からも「何ごとも計画した2倍の時間がかかる」と言われましたが、本当にその通りだと痛感しています。スケジュール管理も含めて、卒業設計での経験を今後の設計に生かしていきたいです。

まちの「素」を因む
小さなズレの集積による
偶発的な空間群

小野 櫻朱
(P.82)

「素」は、あるもののすべてをそぎ落とした状態で、数字だったら素数、人だったら素の感情だと思います。敷地に選んだ秋葉原はオタク、アニメのまちとして知られる一方で、神社が有名で地域住民が多く、近くには小学校があり、隠れた素もたくさんあります。「因む」は、あることがらに対して次のことがらが生まれるニュアンスが含まれています。素同士がぶつかり合うことで、可能性がより広がっていくのではないかと考えました。

秋葉原は江戸時代には船着き場があって、そこにモノと情報が集まっていました。今の秋葉原街にもさまざまなモノや情報が集まっています。どうやったらそのニッチなモノや人が集まる空間ができるのかを考えました。

つくりたい形に、ある形式を当てはめることで、最初に意図した形よりも効果が現れると考えました。設計した建築空間には3つのモジュールがあって、その1つの空間で1つの活動が起きてほしいという「素」に「因んだ」形から、それが多様に関わるようにオーバーレイさせた配置にしています。そこが私の大きな意図です。

どのような形にするか悩んでいると、研究室の先生から細かいところを突き詰めていくといいとアドバイスがありました。そこから、柱を少し傾けたらどうなるだろう、少し配置をずらしたらどうなるだろうと考えました。傾き、ずらすがキーワードになり、反復ではなくどうつくるかを検討しました。そして、竣工後に人がどのように使い活動しているかが模型からも見えるように、それから点景についてもこだわり、模型を育てなさいという助言をもとに制作しました。学内の講評会では空間的な魅力があると評価される一方で、構造や形に対する指摘もありました。

ニッチなものが集まり違うもの同士が混ざり合って、新しいサブカルチャーが生まれてくればと思います。

都市の深層を剥く
地下と地上の
再接続によって
新宿の本性を暴く

岡田 海渡
(P.84)

私はエロスをテーマに、人間の生々しさをどう建築に落とし込むことができるか考えました。新宿は一歩路地裏に入ると、ダーティーで人間の本性が見えてくるような場所があり、これは平面方向の奥行きがあると言い換えられます。また地下36mには大江戸線が通っていますが、断面方向は平面方向に比べて奥行きがあまり感じられませんでした。新宿南口を舞台に地上と地下の風景に着目しました。

人間のエロスが服を脱ぐ過程から感じられるものだとして、それをバナナで言うと皮を剥く行為になります。そういう剥いたり裏返しにする手法を建築に落とし込むこ 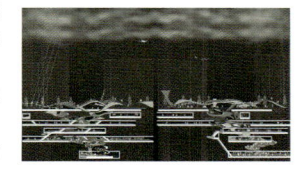 とで、環境の中間領域ができたり、ビルとビルをつな

ぐことで一体的な空間が生まれたりするように設計しました。そうすることで均質化された空間を崩して、断面方向にも奥行きのある不質質な空間が生まれる、地表面と地下道の新たな関係性を構築しました。事前調査では一般的な地図以外に、鉄道の本なども参考にしながら新宿全体を歩き、建築以外の部分からもインスピレーションを受けて自分の計画に説得力が増すように情報を集めました。

プレゼンには自信がありました。模型の大きさや配置、プレゼンボードの色使いや枚数など、自分の計画が一番輝き理解してもらいやすいように、最終形態を常に頭に描きながら取り組みました。特に断面図は目を引くものになるよう心がけました。

卒業設計では自分が興味のあるものを対象に、実現不可能であってもとことん形にこだわって、今までにないようなものをつくろうと頑張り抜くことができました。

皆が集う場
地域を繋ぐ
桜並木建築化計画

相原 和樹
(P.100)

地元の町田市にある恩田川沿いを卒業制作の敷地に選びました。川沿いは桜並木できれいなのに擁壁が高く立ち上がる護岸は地域を分断しています。それを解決するために最初は恩田川の数カ所に新たに橋を設計しようと考えましたが、敷地を見に行くにつれ、自分が手を加えることで川面に映る桜並木を壊してしまうと思い、その案は取り止めました。この場所に必要なものは何かを考え直すために町田市の資料を見て出てきたのが高齢化問題です。

町田市の高齢化率は全国平均より高く、敷地に選んだ地区は要介護リスクのある高齢者の割合が高いです。また通いの場や運動の場に参加している高齢者は要支援認定率が低いこともわかりました。そのためには誰もが運動ができる、地域の通いの場をつくることがこの地域の問題解決につながると思い、それを建築で考えました。

桜に注目した設計にしたいと考えていたので、桜の軸から動線をとって建築を組み立てました。その軸上に車椅子でも移動できる1/15の角度のスロープを設け、その間に公民館などの施設を設けて世代を問わず利用できるようにしています。これまで建築は、自然より強く出ていたと思いますが、今回はむしろ自然に負けるくらいにつくることを意識しました。最初は護岸で正対する桜の軸から動線をつくっていましたが、研究室の先生から軸がわかりやすく見えないと人は動かないとアドバイスを受け、斜めに軸をとることでフレキシブルな動線にすることができました。

RC造の建物には、正面から桜が見える場所だけに開口部をとっています。そうするとその開口部に注目が集まり、人がそこまで移動すると考えました。講評会では暗いのではないかという意見がありましたが、開いてしまうと逆に人は動かない、あえて閉じることで人を動かすように考えていると説明したことで納得いただけました。

建築を着崩す

長池 陽希
(P.102)

もともと洋服が好きだったので、卒業設計では服と建築をテーマにしようと決めていました。最初は実際に服を仕立てることを考えたり、ファッションブランドのランウェイの背景などをリサーチしていましたが、それをどう建築にアウトプットするかで行き詰まってしまいました。何度もエスキスを繰り返す中で「着崩す」というワードが出てきて、それをもとに考え始めたら形が見えてきました。

「着崩す」という行為を建築に当てはめて考えるとどうなるのか。再開発が進む東京・八重洲を敷地に選び、経済的合理性に富んだ箱型建築に対して、現存の小さな建築の表層を引き剥がしたりして着崩していくことによって空間をつくり、新たな建築像を提案しようとしました。過去の否定から生まれる「ポスト〇〇」にならないように意識していましたが、学校の講評会で「ポストモダンっぽい」と言われてしまいました。でも後日その先生とさらに深く話す機会があり、自分の言葉を整理するきっかけになりました。

研究室の先生には発表のとき、限られた時間の中で相手にどう伝えればいいかアドバイスしていただき、リサーチ部分の話は最低限にして、自分の考えやつくった空間を伝える部分を重点的に話すようにしました。ありがたいことに学外でも発表する機会をいただいたので、今は作品にさらに愛着が湧いてきました。他校の方の発表からは人に伝える方法や、建築的な表現手法など学ぶことも多いです。

また、スケジューリングの重要性も感じました。時間が足りなくて切り捨てなくてはいけない部分も出てきたのですが、それをネガティブに捉えるのではなく、自分が一番したいことは何かを考えて取捨選択をすることも大事だと思います。取捨選択することで次のステージに進む可能性も秘めていることを実感することができました。

写真駆動建築
Photo-driven
Architecture
'TOKYO/Corner'

藤原 禎之
(P.64)

数年前からいろいろなカメラで写真を撮っていて、その中でピントの合わせ方が特殊なカメラがあり、きちんとピントが合いきらないピンボケ写真に面白さを感じていました。杉本博司という芸術家が名建築をピンボケ写真で残した作品があり、それがゼミのときに話題に上がり、ピンボケ写真を用いて設計手法を提案することを決めました。

敷地に選んだ台東区鳥越は隣り合う建築同士の距離が近く、まるで癒着しているような場所です。この場所でピンボケ写真を1000枚以上撮り、それを180枚ぐらいに絞って、ぼやけていても見えてくる形を探りました。これらの写真は1度言葉で分類

して、都市をカタログ化してみました。スケールがない状態の形の要素を抽出したような作業です。それで同じ構図でもピンボケしている写真としていない写真では表す言葉が変わることがわかり、ピンボケ写真に可能性があることを再認識しました。模型ではその形のないものにスケールを与える操作をしました。最後にバラバラに抽出されたエッセンスを1つの建築にまとめました。

プレゼンは研究室のみんなで練習をしました。最初の入り方は魅力的になるように意識したり、他の人とは大きく異なる設計手法は強調したりと工夫しました。

学外での発表はつくったものをすべて持っていくことができなかったり、ポスターセッションとスライドでの説明があったりして、同じことを別のメディアで説明する難しさを感じました。これからも写真やカメラへの興味を持ちながら建築を学んでいきたいです。

鬼怒川廃墟再興
ファン・パレス 2.0

山崎 直樹
(P.98)

日光の鬼怒川温泉にはバブル期に建てられた大型ホテルが廃墟群になり残っています。解体も物理的にできず、行政も手の打ちようがない状況です。それを完全に壊すのではなく、まず部分的に解体して建物自体を軽くすることで耐用年数を延ばす。そして自伐型林業を導入し、既存のRCフレームなどにいろいろなモジュールをはめ込むことで、新たな使われ方が生まれるように計画しました。

現地には2泊3日で調査に行きました。観光協会や行政センターの地域振興課の方などに事前に連絡をしたうえで話を聞き、今の状態について詳しく教えてもらいました。事前にネットで調べたこととは違う情報を得ることができ、地元の方からも話を聞くことができたので充実した実地調査ができました。立ち入り禁止の場所はドローンで写真や動画を撮り、図面もきちんと残っていなかったのでレーザーの距離計で実測もしました。

研究室の先生からはこの計画をわかりやすく伝えるには断面図しかないとアドバイスをもらい、メインの図となる断面図の制作には力を入れました。ここまでつくり込むことができたので頑張ったと言い切れますし、自信になりました。

講評会で評価してもらったのは、人工物が増えてしまっていて、人間がそれを生み出したのに責任が負えなくなってしまっている今の社会問題に対して、その人工物を壊して自然に戻そうとするのではなく、人工物と自然をハイブリッドさせて新たなものをつくろうとした部分です。今回取り組んでみて改めて今後必要な考え方だと思いました。

卒業設計は1人ではどうにもならないことばかりで、たくさんの人に手伝ってもらいました。設計しながらここまで毎日いろいろなことをマネジメントする経験も初めてだったので、成長できたと思います。

狂気する祭礼都市
不合理亢進説を含む
新・社会進化論から
推定される
都市祭礼の未来史

本多 空飛
(P.32)

小さい頃から東京都府中市の大國魂神社暗闇祭が身近にあり、私自身関わってきました。この祭りがこの先社会の変化とともにどう変わりながら生き続けていくのかを卒業設計で示そうとしました。祭りがどういう流れで行われ、どういう人が関わり、どういうものがどう配置されているのかリサーチしましたが、そこから祭りの未来像をどう描けばいいのかすごく悩みました。研究室の先生から「自分自身が祭り人の1人なんだから、もっとそれになりきって取り組んでは」と言ってもらい、先輩からは「本気で取り組むともっと面白くなるよ」とアドバイスをもらい、思い切って祭りの風景の絵をたくさん描いてみたら自分がやりたいことが見えてきて一気に計画が動き出しました。

祭りの担い手のあり方に着目して未来を描いたのもポイントです。現代において祭りは伝統的な部分とそうではない部分から構築されていると思っていましたが、実際は担い手に関して言うと伝統的な部分を残しながら、膨張と分裂を繰り返しながらドーナツ状に広がっていることがわかりました。これは取り組む中で大きな発見で、生物のようだと感じたので、暗闇祭社会学的進化論と名づけダイアグラムをつくり、そこから未来形を描きました。祭り人になって取り組むという少し馬鹿げた面がある分、図面は時間をかけてしっかり描き込みました。

人口減少や高齢化が進む中で、担い手も含め、社会の単位が血縁家族や町内会ではない新しいものになると仮定しました。講評会では、その単位の変化に建築はどう応えるべきなのか指摘され、その点はもっと考えられた可能性があったと思っています。卒業設計は本気で取り組んだので楽しかったですし、やり切ることができました。先生とのやり取りはもちろん、研究室内で議論することで同期とも深く関わることができてとても良い経験になりました。

遠国は傍らに

石井 開
(P.40)

世界で起きている一見自分とは無関係な物事も、実は回り回って自分たちの生活に影響している。そういうことを建築で表現したいと思いました。東京・港区麻布にある4つの大使館を対象に、その塀を操作することで大使館内の活動を外に拡張し、近くにある有栖川公園に大使館の離れをつくりました。そして外に出た分の領域を非国籍領域として大使館と街の間に設計しました。

大使館に焦点を当てたのは夏休み頃でした。同じ街で生活していれば一見無関係でも同じスーパーを使っていたり、気づかないところでつながっていたりして、それが大使館で働く外交官ということもあり得ます。大使館が密集している麻布は私が生まれ育った場所で、街の風景は見慣れていましたが、今回改めて建築やまちづくりの視点からこの場所を解き、大使館の歴史的背景なども調べました。

講評会では、塀で境界を操作し、誰も目をつけていない

ところに焦点を当てて面白いことを切り開こうとしてる姿勢が良いと評価してもらいました。一方で、表現の一部が政治的な側面に対して少し無自覚なのではないかという指摘もあり、気をつけていたつもりでしたが、やはりセンシティブなものを扱っていたことを再認識しました。

模型は風が吹いたら揺れるように土台から考え、向こう側とこちら側の境界は乗り越えることができるすごく儚いものということを表現しました。終盤に設計をまとめる段階で、うまく説明できないことは決して悪ではないと思うようになりました。私たちが抱えている悩みや不満、建築に対する憧れは説明できるものではありません。なので卒業設計全体で自分が伝えようとしていることは、感覚的に4つのドローイングで表現しました。作品をつくり切ることができたことも嬉しいですが、設計を通してそのような思考に触れられたことが良かったと思っています。

隙が巡るまち
まちに潜む防災構造物を
斜面地暮らしの
新たなインフラにする

黒沼 和宏
(P.36)

2年生のときに神奈川県の真鶴で設計課題があり、そこで地形の面白さに興味を持ち、卒業設計では横浜の谷戸地形に広がる斜面地住宅街を敷地に選びました。調べてみると、この場所の面白さに加えて問題点も見えてきたのですが、1回目の中間発表のときはまだコンセプトが固まっていませんでした。斜面にある防災構造物をもっと評価してはどうかと先生からアドバイスをもらい、そこから土木のシステムと建築のシステムを融合させて、この場所をどう変えていけるかを考えることにしました。

敷地には美術館などといった大きなプログラムは入れずに、暮らしの中に溶け込むような空間を入れました。構造の先生にも自分でアポイントを取り、相談にのってもらいました。

プレゼンの資料は基本すべて手描きです。描くことで自分のイメージをしっかり定着させていくことができるし、図式化しすぎるとどこか堅いイメージを与えてしまうような気がしています。また、建築を物体として捉えるのではなく、もう少し優しいものとして表現したかったこともあり、手描きにこだわりました。模型は高低差のある地形からつくらなければならなかったのが大変でした。模型も柔らかい印象になるようにテクスチャーを工夫しました。今回の場合、印刷したテクスチャーでは自然な風合いが出ないと思ったので、全体的に半紙を使い、半紙にスプレーを優しくかけて色を付けました。

大学では「ナラティブを大事にしろ」とよく言われます。なぜ自分がそれに取り組むのかをはっきりさせることがモチベーションにもつながります。自分の興味のあることにとことん取り組める卒業設計だからこそ、最初の軸に嘘がないようにテーマを決めることの重要性を改めて感じました。楽しむことが一番大事だと思います。

風景と対話する都市
城下町が形成した
有機的都市の再構築

照井 遥仁
(P.86)

18歳まで住んでいた盛岡に帰省するたびに、街の活気や思い出の場所がなくなっていくような感じがありました。そこで地方独特の都市空間のあり方を考えるために地元の盛岡をテーマに卒業設計に取り組みました。

イタリアの都市を調べると200、300年前の建築を受け継ぎ、都市の歴史が暮らしと一体になっています。盛岡を見ると街区がグリッドではなく曲がっていたりT字が多く、川に沿っていたりします。街区の主要な通りは山々に向けられ、かつ街ごとに職人が住み分けされた城下町の計画に基づいています。通りを歩くと先には山が見えて、その向こうは農業や水の神様がいます。場所ごとに山と暮らしが対応した雄大な都市空間がありました。

しかし明治維新で都市計画の概念が入り、都市が変わっていきました。昔見えていた山々は、区画ごとの考え方になってビルやマンションが建ち並び、その姿が失われていきました。そこで公共建築によって山々の眺望を守り、自然に対してアプローチできる建築を提案しました。

設計するにあたって、はじめに風景を研究しました。盛岡は単に山への眺望だけでなく土地に対して人がどう生活しているかが一体となっています。それを建築がつないでいくことを意識しました。担当教員からは、それだけでは建築のテーマにならないのではないかというアドバイスがありました。単純に景観を守ることが建築によって解決できるのかという指摘から、都市まで視野を広げることで上手く形にできたと思います。

今後も地元の盛岡と関わっていきたいと考えています。親戚に盛岡市の都市計画課の人がいることもあり、市役所にこの提案をしたいと話をしています。卒業制作であり一種のファンタジーかもしれませんが、学生の視点から市に提案して今後も関わっていければと考えています。

布置を解く
保留の作法を用いた
集落の組成の組み換え

山田 伸希
(P.20)

生まれ育った茨城県つくば市近辺を卒業制作の敷地に考えました。今回の制作を空想で終わらせずにいつか自らの手で実現させる可能性を保ちたかったからです。今回テーマとなった「保留」は実は自分が集落で生まれ育って一番馴染み深い感覚です。もちろんそのような言葉はないので自分で定義しました。

特に理由もなく捨てずに置かれる保留ですが、実はそれが一番未来の可能性に対して開かれているのではないかと。そのようにまちを見ると、歩道橋や昭和に開発された大規模な旅館なども今は利用者が減って少しずつ保留に傾きかけています。柵があって誰も入れない空き地も保留です。それらがこの地域の歴史と絡んで顕著に見えてきます。そこで、保留を前提にした建築が立ち現れ受け継がれる現象がテーマとなりました。

今回の提案は保留された環境がもつ潜在的行為可能性に人間が導かれるように形を布置し、それは同時に将来の人間を導く可能性を持ち続ける保留のリレーのような建築です。「布置」とは、画家アンリ・マティスが用いた言葉で、dispositionという言葉の和訳です。彼の制作プロセスの特徴は時間的連続性の中で修正するように絵の具を塗り重ねていくことにあります。しかしそれは単なる修正ではなく、彼が言うように、「画家が線を導くのではなく線に画家が導かれるように」して塗り重ねられます。それはアフォーダンス＝潜在的行為可能性の概念に近いと感じます。アフォーダンスとは広義的には環境が持つ肌理であり、マティスはその肌理への誠実な反応を大事にしたのではないでしょうか。それは経済的合理性によって決定される都市の在り方とは異なり、一時的に必要なくなったものに対する寛容さと環境の肌理に対して誠実な反応を繰り返す在り方です。

Exhibited Works

出展作品

地を仰ぐ
都市部に潜む地と人を結ぶ媒介空間

設計主旨：現在の都市部は合理性を求め似通った街となっている。それに伴い、人々の暮らし方さえも均質化している。そこで白金台の地において元はコンクリート擁壁で住宅、そして暮らしの裏となっていた場所にさまざまな環境個性が表出する道をつくる。計画敷地周辺の寺院や小学校、公園、井戸などといった場に伴い参道や温室、通学路といった連続性のある場が生まれる。まちのオモテが変化し、人の暮らしがわずかながら、長く、長く、展開するその地ならではの場となる。

東京のまちを歩いているとわくわくするような場所が沢山ある。高級住宅地の中に突然現れる赤レンガの擁壁。交差点の真ん中にポツンと残る神社。閑静な住宅街の裏にある植生豊かな歩道。これらの場は人間が意図的に作った場所では無い。本来の地の持つ個性がコンクリートの隙間から溢れ出ていると感じた。東京の街はまだ見ぬ魅力が詰まっている。その個性を凝縮し表出させる場をまちの中に細く長く貫く事により生まれる新たな街の顔を見てみたいと考えた。

現在の都市部はどこも似通っており、それに伴い人々の暮らしさえも個性が失われ均質化していると感じている。そこでまちの中から地の持つ本来の環境個性を見つけ、凝縮し、表出させる場をつくり、その地の暮らしの個性をも引き出す場を提案する。高級住宅街として知られている白金台は、その多くの地がコンクリートで覆われている。そこで4つの視点から地の要素を分解し、読み解いていく。

■植生
コンクリートに覆われた白金台の地の隙間からは多様な植生が垣間見える。どこの場所も一見同じに見えるが、微細に環境が異なり地の特性が読み取れる。

このように植物はそれぞれの条件を持っている。その植生から地の微細な環境を読み取る事ができる。

■擁壁
白金台は地形が豊かゆえに多くの擁壁が存在する。コの字型の地形に添うように擁壁は造られている。擁壁は建築を立てる上での基盤として不可欠な一方、寺院や墓地などが多くある高地と住宅街を隔てている。

また擁壁は様々な石材や煉瓦、コンクリートなど様々な材質で作られており、その違いも周囲の環境を左右する要因となる。

■流れ
かつて高低差を生かして三田用水路が通っていたように、白金台は水とのつながりが深い街である。現在も水路跡は暗渠となっており、街の裏手を縫うような道が通っている。また道に添うように多様な環境で生育する植物が見られる。

このように水の流れを知ることで地を点ではなく面的に把握することが出来る。

道
〜ら参道のように使われる

集会場
街から地を切り取り触れ合う場となる

猿山 綾花
Ayaka Saruyama

東海大学
工学部 建築学科
野口直人研究室

元 はコンクリート擁壁で住宅、そして暮らしの裏となっていた場所を石積み擁壁にし、新たな擁壁や屋根を設けながら、
道を作ることにより、その地の環境個性が表出する場をつくる。計画敷地周辺には寺院や小学校、公園、井戸などといった場が見られる。これらの場に伴い参道や
温室、通学路といった連続性のある場が生まれる。

温室
湿潤な環境を凝縮した場

放課後は子供たちの溜まり場となる。

地域の子ども達は、季節や気候条件により変化する植
生が茂る通学路を幼少期から利用する。

孔内水位が高いため地を掘る事で壁から地下水が滲み出る。

中心部を通る道は街中へと続いていく。

まちの「素」を因む

小さなズレの集積による偶発的な空間群

設計主旨：素数のような「偶発性」を用いることで建築においても設計者の意図を凌駕した効果が発生させることができると考える。
計画敷地である秋葉原でまちの「素」である多様で小さな個の活動が許容され、不合理性の高まった路地裏のような空間において人間が合理的に利用することでその空間の深みが増し、人の活動が何かによって制限されず、人間が持つ野心的な行動を呼び起こすことでサブカルチャーの継承と創出が頻出しまちを更新し続ける。

<きれいに割り当てられた空間>

変化のない仕切られたグリッド内での活動が横断する。

<小さな隙間による小さな変化>

徐々に小さな隙間が生まれ、五感を刺激するものが溢れ、境界と認識される。

<近くて遠い存在>

隣の場所へ行くのに11の異なる空間を抜けなければならず、本来の目的を見失う。（4F 赤いルート）

<奥行きが生まれる空間群>

不合理な奥行きがある雑多な場を人間が合理的に利用して深みのある場所へとなる。

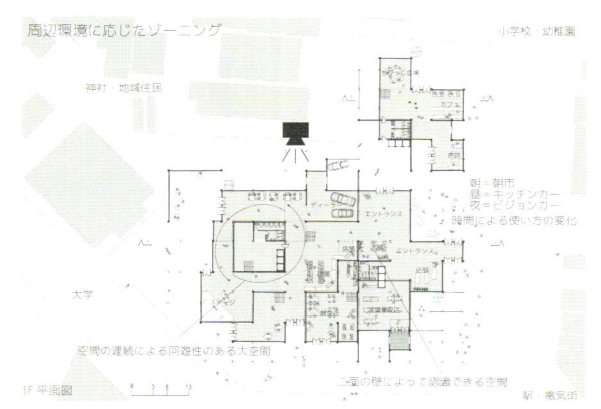

周辺環境に応じたゾーニング

1F 平面図

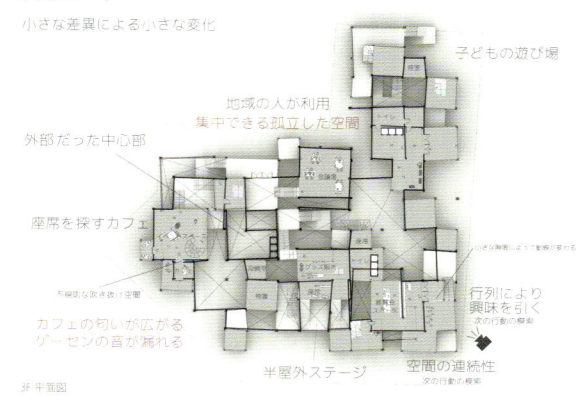

小さな差異による小さな変化

3F 平面図

小野 櫻朱
Oshu Ono

東海大学
工学部 建築学科
野口直人研究室

1. 建築概要
数字の「素」の魅力

<汎用性のある形式の運用>
数字のような利便性を高めるために目的を持って共有される概念は、ある単純な法則が一貫した形式で成立をしている。

<形式を凌駕した美しさ>
その中で素数は、形式の運用の中で「できてしまった」ものである。意図して作られたわけではないが数字の構成要素のように根幹として存在しているものに魅力を感じ建築に応用を図る。

恣意的 → 偶発的

2. 敷地・問題意識
まちの「素」の魅力

<問題意識>
秋葉原では、人間の衝動を追求する活動が許容されていたが、オフィス化や観光地化により最大公約数的な「みんな」の空間によりが小さなこだわりを持った活動が制限され、まちの魅力が薄れている。

<計画敷地>
秋葉原における全ての活動に対して呼応できる位置に本計画の敷地を選定する。単一な建築であり単純な形式でありながら、まちである突立った個の多様で小さい活動が許容される建築が必要であると考える。

3. 手法・効果
建築の「素」の創出

<偶発的な空間群>
活動するための空間を構成する柱に対して法則を運用することによって意図していたことを凌駕する空間群となる。

活動同士が干渉して欲しい
恣意的

法則による運用
X軸とY軸方向に「3°」傾ける

意図したことを上回る効果
偶発的

<手法1>
1. 3つのモジュールを選定
2. 1つの柱を共有させてオーバーレイをさせて配置

<内外境界>
オーバーレイによって共有されつつも明快だった境界が次第に干渉し合う箇所と反発し合う箇所によって不合理性が高まる。

<壁>
地盤面から一廻している柱に共有される箱の壁を構造壁として挿入する。

柱の傾きによって壁は、微細なHPシェルとなり、構造的に整合性が取れる。

本来の目的を忘れ、目的が流動的になる
何度来ても新しい発見がある

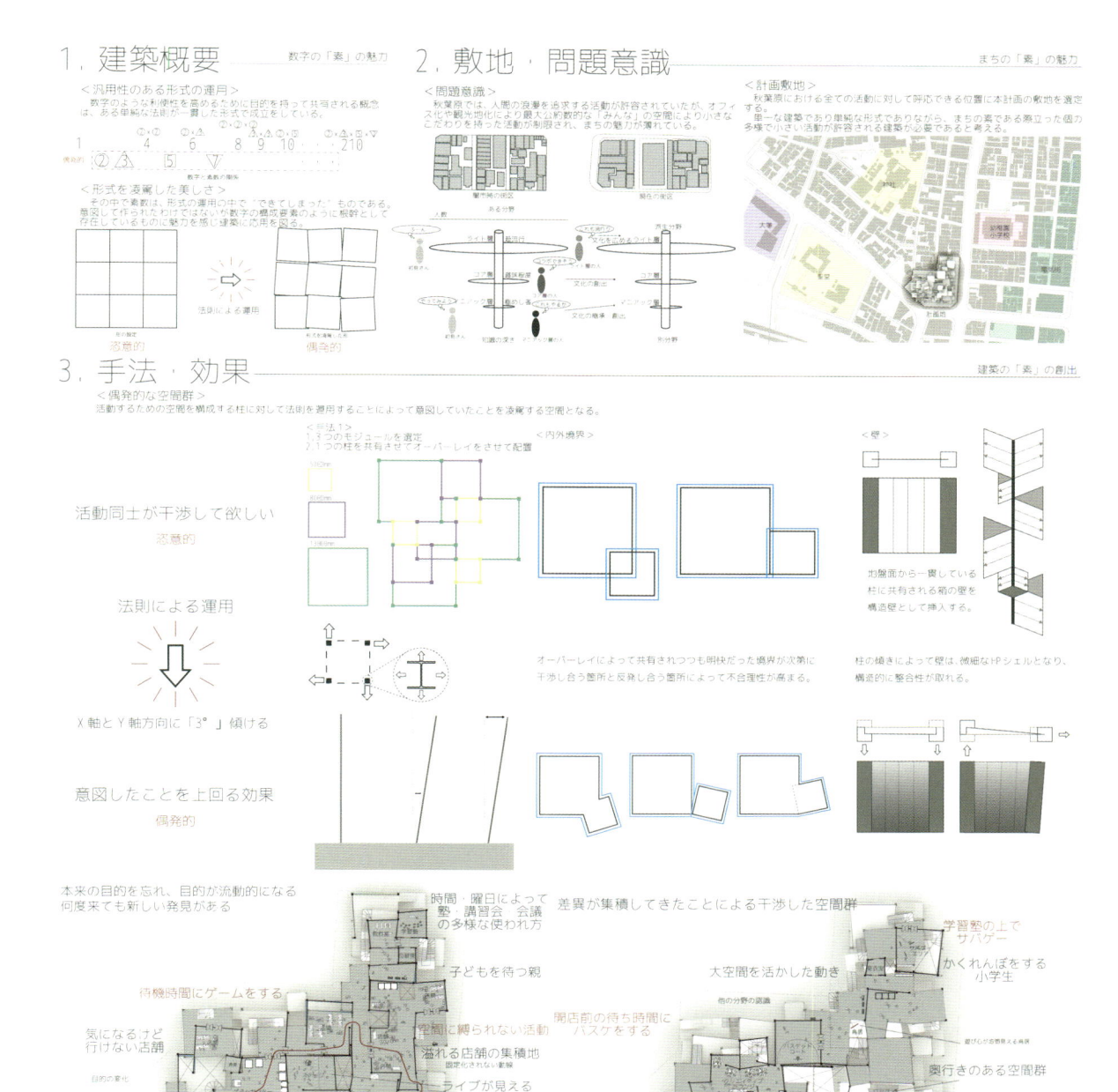

時間・曜日によって
塾・講習会 会議
の多様な使われ方

子どもを待つ親

待機時間にゲームをする

気になるけど
行けない店舗

空間に縛られない活動

溢れる店舗の集積地

ライブが見える

匂い、音、光がもれる

活動が溢れ多彩な風景
が交差する空間群

反対側に来るのに
11の異なる空間を移動　近そうで遠い空間同士

4F 平面図

差異が集積してきたことによる干渉した空間群

学習塾の上で
サバゲー

大空間を活かした動き

かくれんぼをする
小学生

開店前の待ち時間に
バスケをする

奥行きのある空間群

下層で購入したものを
組み立てる

自己表現の場

裏路地のような空間群

5F 平面図

都市の深層を剥く

地下と地上の再接続によって
新宿の本性を暴く

設計主旨： 人間において最もエロスを感じる瞬間が服を脱ぐ途中経過にあるとするならば、バナナにも等しく適応できる。しかし、バナナを「剥く」行為には、内容物の一部が皮面にくっついてくるという特性が含まれている。糸を引きながらお互いを繋ぎ止めているその生々しさを、新宿という人間の欲望が蔓延る街並みで建築空間に応用し、「皮」と「身」、つまり「地表面」と「深層に眠る地下道」の新たな関係性を構築する。

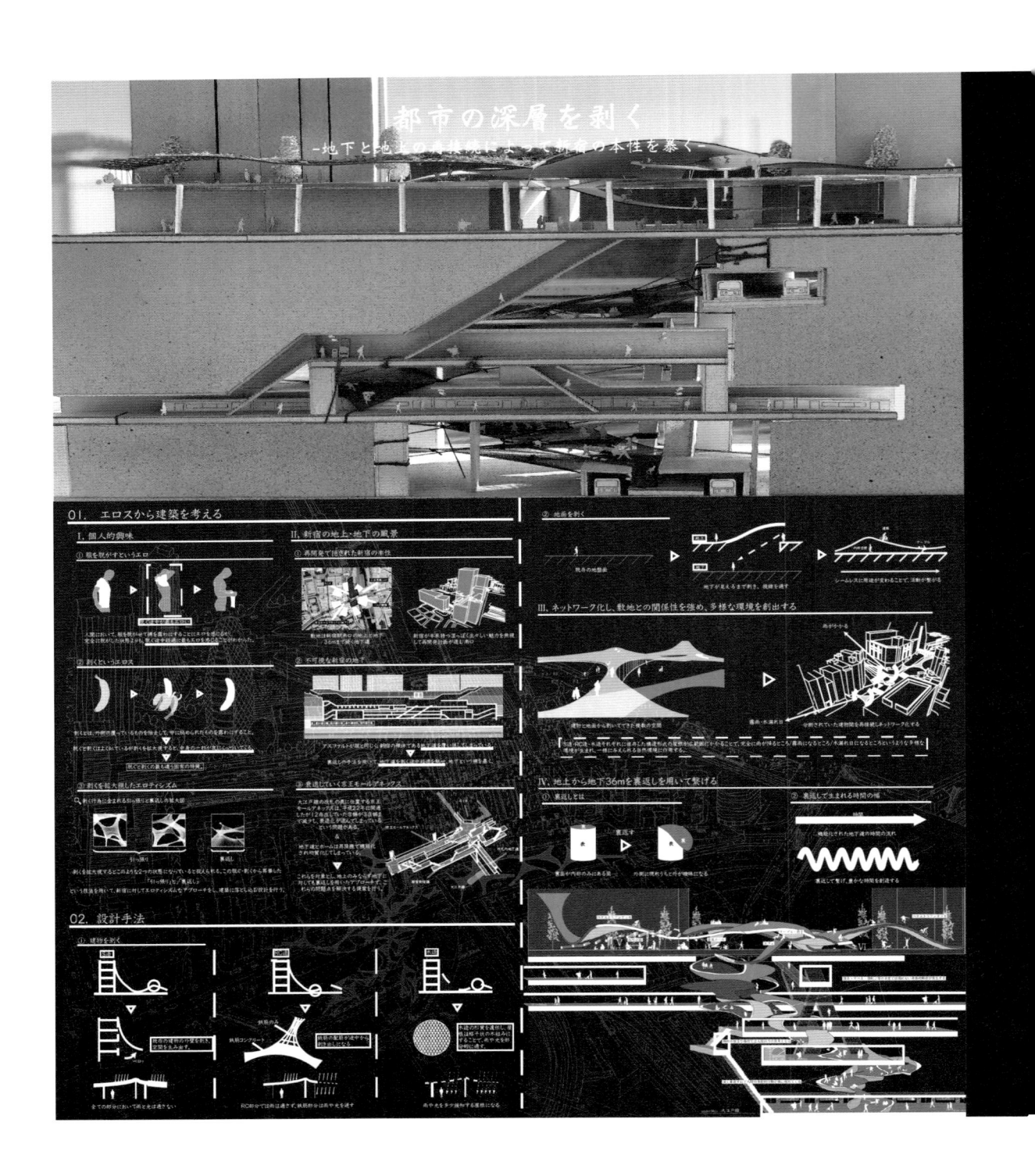

岡田 海渡
Kaito Okada

東海大学
工学部 建築学科
野口直人研究室

風景と対話する都市

城下町が形成した有機的都市の再構築

設計主旨：日本の都市は土地と建築を切り離し、経済原理によって更新され続けている。地方都市では都市への愛着を失い、ジェネリックな都市空間は諸問題の根源である。敷地、盛岡市には山々と人々の暮らしが応答し合う城下町空間が存在した。建築の存在がまちと山とを接続し、その場所に界隈性を与える。公共建築の計画はそうした"風景"を構築するために存在し、かつて土地の先人が見てきた風景を時間と個人を超え共有される都市空間を構築するために公共建築があるべきである。

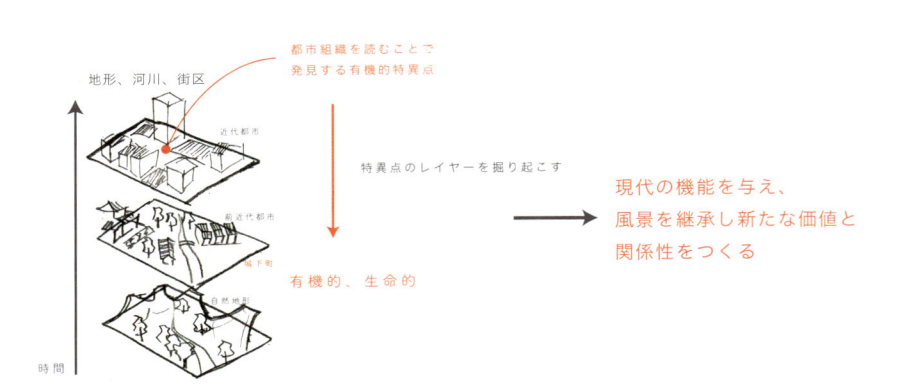

現代の機能を与え、
風景を継承し新たな価値と
関係性をつくる

風景のアーカイブ

資本主義の原理によって土地と関係ないものが建てられないように重要な視点場に公共建築を計画する。

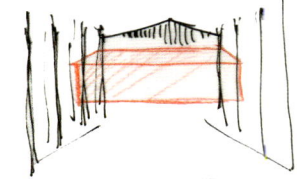

こうしたマンションがなければ近くの岩山やその奥に連続する北上山地の稜線を見渡すことができる。

公共建築が盛岡のある風景をアーカイブする。公共建築の存在によって時間と個人を超えた共有意識を持つ。

河川への誘い

駐車場などは他の土地の集約し建物の河川側は活動の場所として開放する。

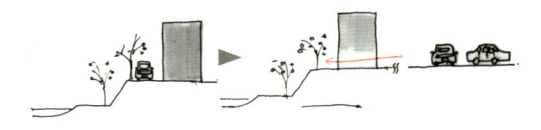

通りの断面的接続

通りを横断する建築がチューブのような役割を果たし通りの界隈性をつなぐ。

展開断面兼連続立面イメージパース―通りが変わると界隈が変わる、機能が変わる、向いている山が変わる、それらが有機的なシステムネットワークを持つ

照井 遥仁
Haruhito Terui

横浜国立大学
都市科学部 建築学科

シークエンスパース

緑と交差する

岩山へと誘う道

大きい屋根と愛宕山

岩山から北上山地の連続を見渡す

上ノ橋と愛宕山と長屋

中津川に伸びる

歴史と自然

岩山へと向かう

河川敷へと降りる

長屋の屋根が連なる

櫻山神社から愛宕山へ

櫻山神社

官庁街のすぐそばに自然

南昌山を眺める

紺屋町から愛宕山へ

町人地の一角に

通りの隙間から工房が見える

町家の奥に

通りの先に工房が見える

神社の奥に

公園を歩く

中津川のすぐそばに

商店街の終わりに

site5 から箱ヶ森山が見える

アーケード商店街

歴史の混在

辰野金吾建築と東根山

city5 の背後に東根山がある

城跡公園の一角に

箱ヶ森山へ

The Story of Urbanist
市民と共に赤羽の未来を創造する

設計主旨：卒制をＳＦにしたくないという思いで挑んだ設計と、市民と共に街の未来を創造したまちづくりの両輪からなる。設計では、市街地再開発事業により消えてしまう可能性のある横丁を敷地とし、自身を含む３人の「Urbanist」が空き家を改修して生活しながら活動を行う拠点を設計した。まちづくりでは、赤羽の市民やまちづくりを行う学生団体と共に、生成AIを用いて市民自らが主体となってまちづくりの提案を行うワークショップを開催した。

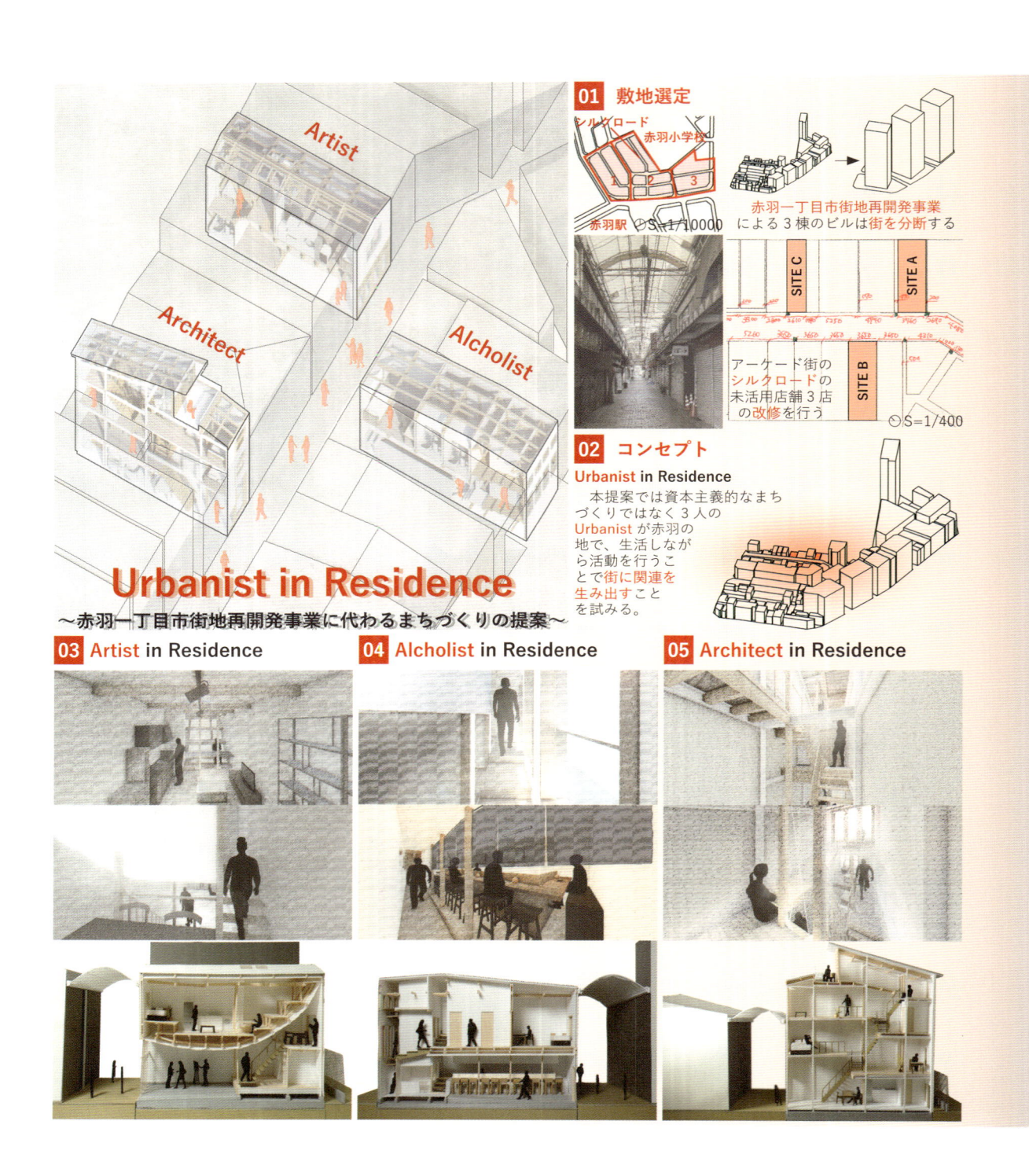

01　敷地選定

シルクロード　赤羽小学校　赤羽駅　S=1/10000

赤羽一丁目市街地再開発事業による３棟のビルは街を分断する

SITE C　SITE A　SITE B　S=1/400

アーケード街のシルクロードの未活用店舗３店の改修を行う

02　コンセプト

Urbanist in Residence

本提案では資本主義的なまちづくりではなく３人のUrbanist が赤羽の地で、生活しながら活動を行うことで街に関連を生み出すことを試みる。

Urbanist in Residence
～赤羽一丁目市街地再開発事業に代わるまちづくりの提案～

03　Artist in Residence

04　Alcholist in Residence

05　Architect in Residence

杉本 涼太
Ryota Sugimoto

慶應義塾大学
理工学部 システムデザイン工学科
ホルヘ・アルマザン研究室

赤羽 LoRA project
未来の写真をみんなで作り愛着のあるまちづくりを

近年都市部を中心に再開発等の計画が進められているが、多様化した現代市民や多世代の見意を生かしたボトムアップな市民参加や市民理解を育むことなしには、持続的な都市にはなりえない時代である。また、都市課題などが複雑化し、行政やデベロッパー、自治体はこの両者の乖離に課題を抱えている。

そこで、テキストで写真を作れる生成 AI を活用し、市民の多様な意見の集約を可能にするまちづくりワークショップを行う。行政やデベロッパーが計画段階から市民の考えや要望を回収することや、言葉では伝わりにくい景観変化をビジュアルで市民に伝えることを可能にする。さらに、画像作成のコストを大きく下げることができ、行政や自治体の予算削減につなげることができる。

生成 AI を市民と開発サイドの対話の道具として活用し、多くの人が持続的に、そして主体的に愛着を持つことのできる都市や建築を増やすことに貢献する。

01 赤羽 Photo Walk Work Shop

2023 年 12 月 9 日
in Tokyo12haus

生成 AI の追加学習の素材を集めるために、市民や学生らと共に街歩き、写真撮影、議論をおこなった。

街歩きマップ

公園エリア

商業エリア

裏赤羽エリア

裏赤羽エリア
赤羽岩淵駅
赤羽小学校　Tokyo12haus
商業エリア
赤羽駅
公園エリア
S=1/15000

街歩きの様子

議論の様子

02 「赤羽 LoRA」の作成

LoRA…AI モデルの追加学習データ

「赤羽らしさ」を重みづけた "futuristic city"

0	0.3	0.6	1

03 赤羽 1000 枚プロジェクト

2024 年 1 月 14 日
in 赤羽会館小ホール

市民は生成 AI を用いて赤羽の未来の姿を主体的、発散的に提案した。

04 都市計画案の作成

発散的に得た市民の意見を「都市計画案」として収束させた。

タワーマンションと飲み屋街の融合

自転車に代わる次世代モビリティ

観光資源としての荒川

記録される街並み
駅前再開発を再考する

設計主旨：まちの発展は駅の近くから行われ、それらが街に溶け込み広がっていくように感じる。しかし、昨今の駅前再開発はその街の歴史や街並みを消し去るかのように均質化され、魅力的な街並みや風景は駅前を起点に失われつつあるのではないだろうか。そこで町並みを消すのではなく、まちの形跡を蓄積させ新たな全体像をつくることで、利便性だけでなく駅前を再開発する意義として建築を記録することを提案する。

1．まちの未来を記録する構成

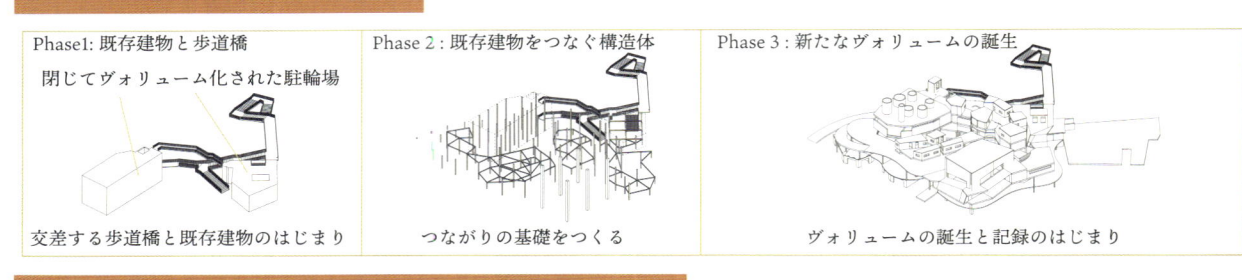

Phase1: 既存建物と歩道橋
閉じてヴォリューム化された駐輪場
交差する歩道橋と既存建物のはじまり

Phase 2：既存建物をつなぐ構造体
つながりの基礎をつくる

Phase 3：新たなヴォリュームの誕生
ヴォリュームの誕生と記録のはじまり

2．ヴォリューム化と記録による新たな町の風景の創出

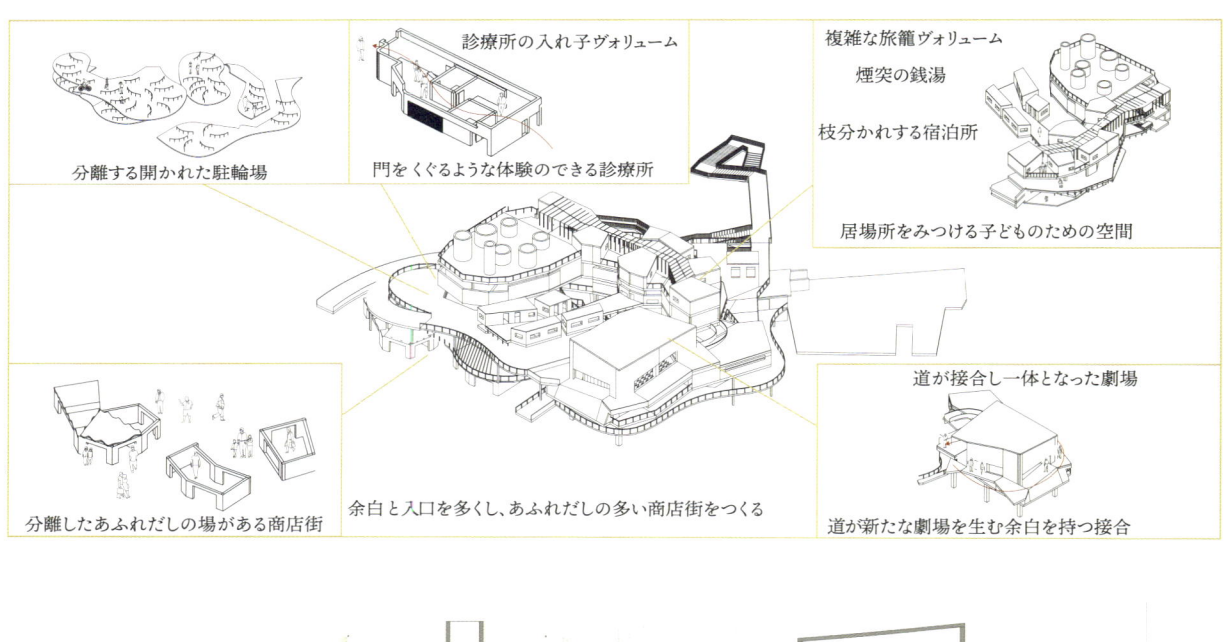

分離する開かれた駐輪場

診療所の入れ子ヴォリューム
門をくぐるような体験のできる診療所

複雑な旅籠ヴォリューム
煙突の銭湯
枝分かれする宿泊所
居場所をみつける子どものための空間

分離したあふれだしの場がある商店街

余白と入口を多くし、あふれだしの多い商店街をつくる

道が接合し一体となった劇場
道が新たな劇場を生む余白を持つ接合

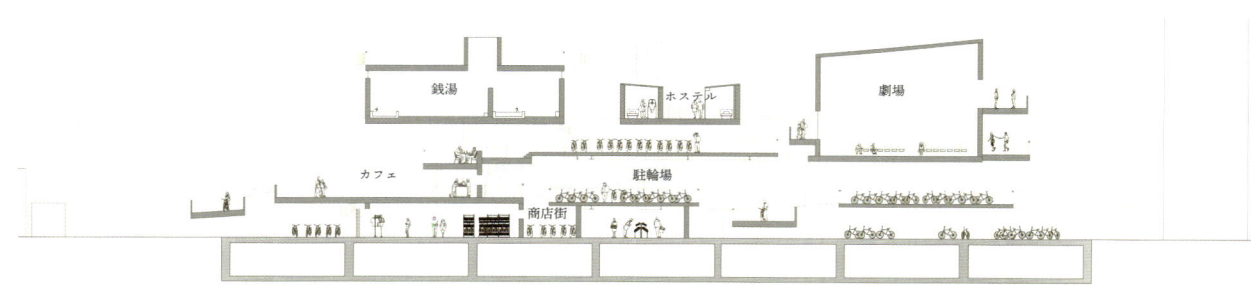

銭湯　ホステル　劇場
カフェ　駐輪場
商店街

A-A' 断面図 S=1/600

棚橋 美槻
Mitsuki Tanahashi

神奈川大学
工学部 建築学科
中井邦夫研究室

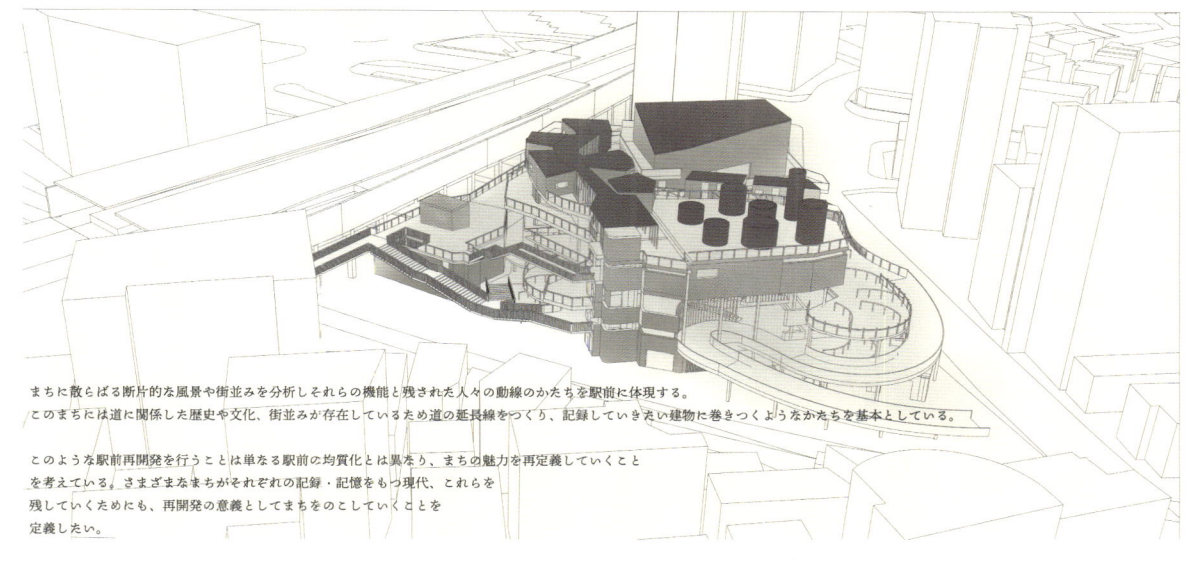

まちに散らばる断片的な風景や街並みを分析しそれらの機能と残された人々の動線のかたちを駅前に体現する。
このまちには道に関係した歴史や文化、街並みが存在しているため道の延長線をつくり、記録していきたい建物に巻きつくようなかたちを基本としている。

このような駅前再開発を行うことは単なる駅前の均質化とは異なり、まちの魅力を再定義していくこと
を考えている。さまざまなまちがそれぞれの記録・記憶をもつ現代、これらを
残していくためにも、再開発の意義としてまちをのこしていくことを
定義したい。

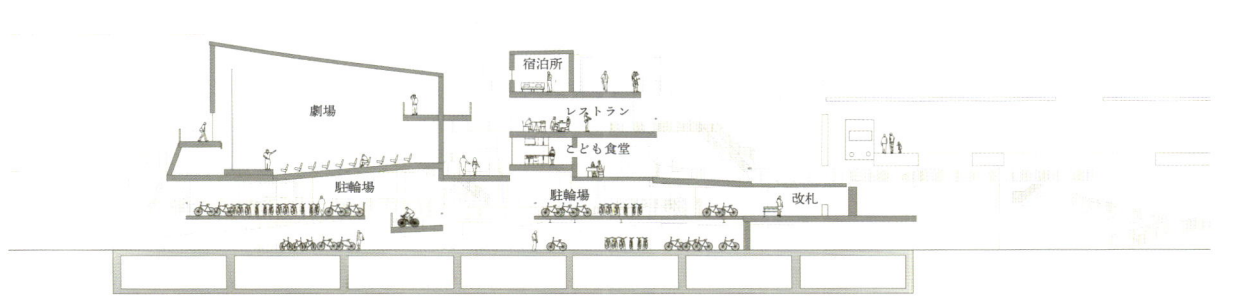

B-B'断面図 S=1/600

閑日月

―瀬戸内海に馳せる自己意識創出の旅の始まり―

設計主旨：人間に壮大な世界を魅せる風景には、不思議な力がある。その力こそ、人間にとって本能的な癒しではないだろうか──幻想的な風景「瀬戸内海」に点在するGateを通しさまざまな体験に出会い、自己と向き合う自己意識創出の旅へと誘う。舞台となる広島県と愛媛県を結ぶ7つの島々「とびしま海道」は、島ごとに特徴を持ち穏やかな時間が広がっている。このエリアが抱える問題を解決する糸口として、列島全体を宿泊施設とする計画を展開する。

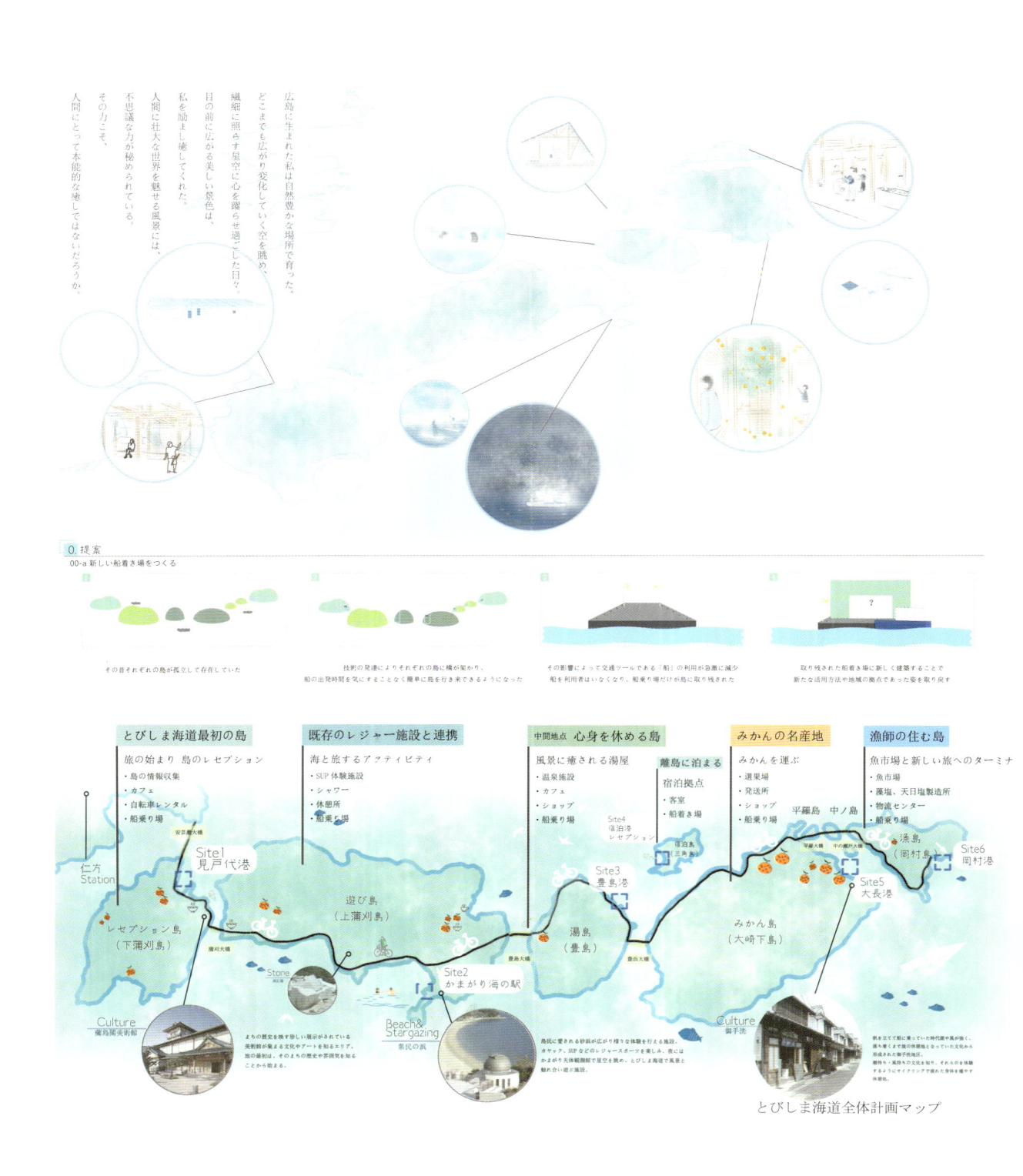

人間にとって本能的な癒しではないだろうか。

その力こそ、

人間に壮大な世界を魅せる風景には、

不思議な力が秘められている。

私を励まし癒してくれた。

目の前に広がる美しい景色は、

繊細に照らす星空に心を躍らせ過ごした日々。

どこまでも広がり変化していく空を眺め、

広島に生まれた私は自然豊かな場所で育った。

0. 提案

00-a 新しい船着き場をつくる

その昔それぞれの島が孤立して存在していた

技術の発達によりそれぞれの島に橋が架かり、船の出発時間を気にすることなく簡単に島を行き来できるようになった

その影響によって交通ツールである「船」の利用が急激に減少 船を利用者はいなくなり、船着き場だけが島に取り残された

取り残された船着き場に新しく建築することで 新たな活用方法や地域の拠点であった姿を取り戻す

とびしま海道最初の島	既存のレジャー施設と連携	中間地点 心身を休める島	みかんの名産地	漁師の住む島
旅の始まり 島のレセプション	海と旅するアクティビティ	風景に癒される湯屋	みかんを運ぶ	魚市場と新しい旅へのターミナ
・島の情報収集	・SUP体験施設	・温泉施設	・選果場	・魚市場
・カフェ	・シャワー	・カフェ	・発送所	・藻塩、天日塩製造所
・自転車レンタル	・休憩所	・ショップ	・ショップ	・物流センター
・船乗り場	・船乗り場	・船着り場	・船乗り場	・船乗り場

離島に泊まる

宿泊拠点
・客室
・船着き場

仁方 Station

Site1 見戸代港

レセプション島（下蒲刈島）

遊び島（上蒲刈島）

Site2 かまがり海の駅

Site3 豊島港

湯島（豊島）

平羅島 中ノ島

Site4 宿泊港 レセプション

Site5 大長港

みかん島（大崎下島）

Site6 岡村港

Culture 蘭島閣美術館

Stone

Beach & Stargazing 県民の浜

Culture 御手洗

とびしま海道全体計画マップ

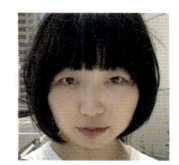

西岡 理子
Rico Nishioka

神奈川大学
工学部 建築学科
六角美瑠研究室

1. Site1 レセプション島 見戸代港

右：旅人を包み込むような軸組みの大屋根
左：特産品のみかんと大屋根

ランダムに配置したカーテンがゆらゆらと動き、
自然環境と呼応する建築となる。

旅に必要な食べ物、情報、交通ツールを備えるレセプションGate
旅の始まりを告げ、穏やかな風景に溶け込んでいく

2. Site6 漁島 岡村港

思い思いに島々を駆け抜け自己意識創出の旅を過ごした旅人は、
終着島 漁島で旅を振り返りお土産として瀬戸内海らしい体験を
体感する。この先も続く瀬戸内海の旅へと出発するターミナル。

海から望む漁島Gate

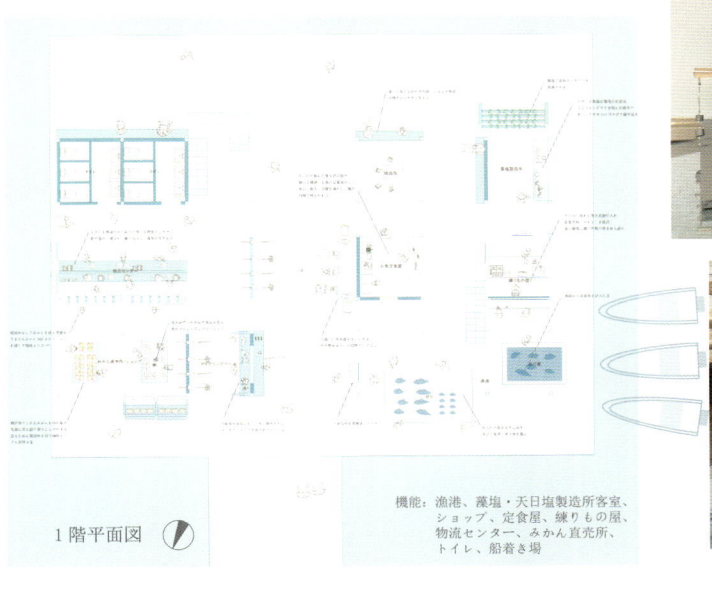

1階平面図

機能：漁港、藻塩・天日塩製造所客室、
ショップ、定食屋、練りもの屋、
物流センター、みかん直売所、
トイレ、船着き場

藻塩製造所　　　　　　　　　客室前

あなたのME
〜都市生活における
日常の映画制作的リノベーション〜

設計主旨：都市における日常は、恒常的で無意識にその価値は失われてゆくものである。そんな中、身の回りの他者や環境の世界が、自分の世界と関係し、視覚的なシーンとして表れる瞬間がある。今回はそれらシーンが日常の中で重要であると考え、映画制作的に、さまざまなシーンを想定したセットたちを、自分の日常の3つの場所に計画した。最終的に映画化することでこれらシーンが結ばれ、全体性は何度でも書き換えられる脚本になることを目指した。

谷米 匠太
Shota Yagome

浅野工学専門学校
建築工学科
担当教員：山本大貴

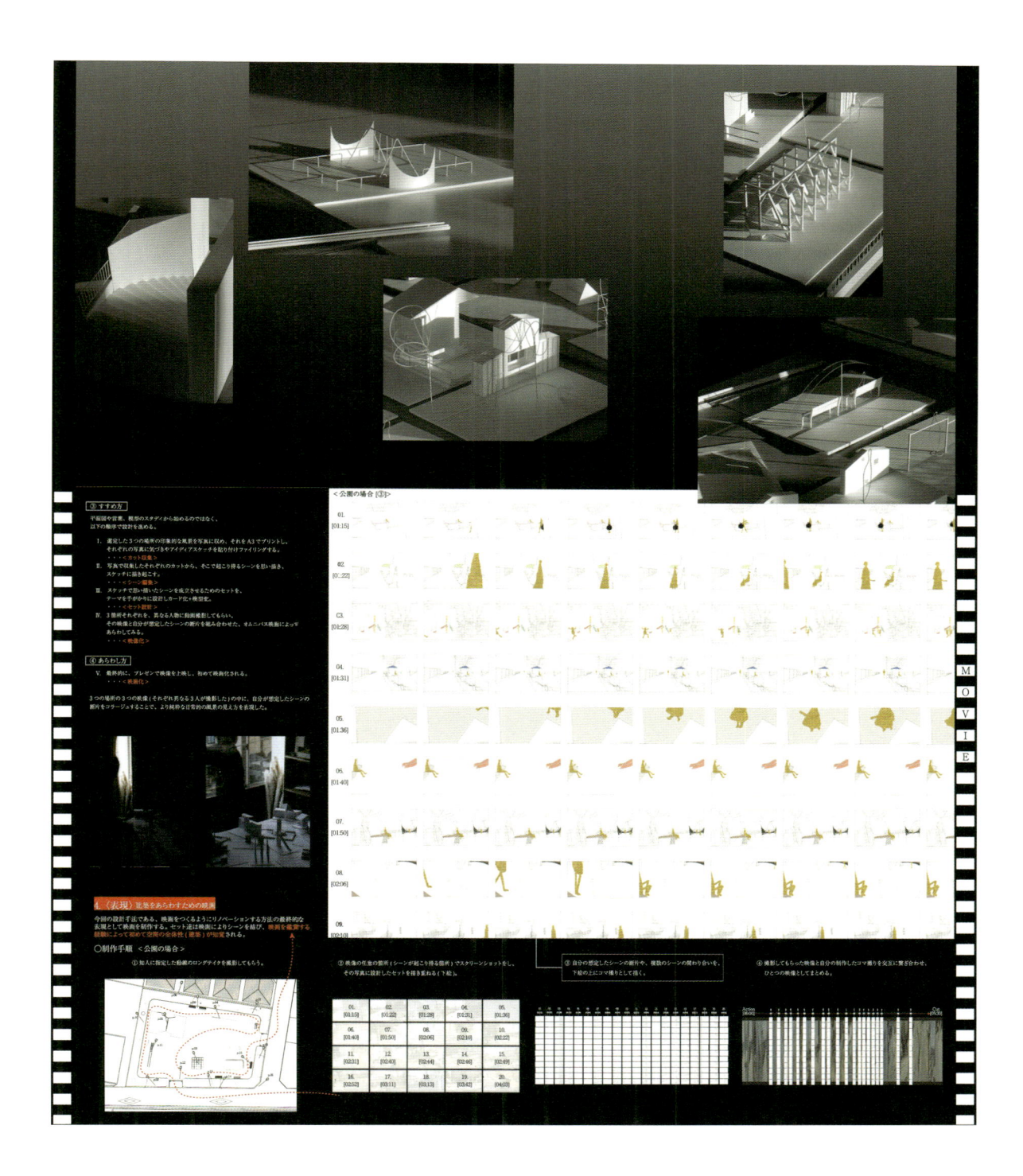

by the dogs
for the dogs
犬の殺処分がない世界

設計主旨：犬のための施設。普通の保護施設で犬たちはケージに入っており、どこか隔離されているような、収容されているような雰囲気がある。しかし今回の設計では犬たちが自由に生きていけることを目指したい。新しい飼い主と出会って引き取られていく幸せもあるがここで一生を終えるのも幸せだと思える建物を設計した。犬たちが自由に暮らし犬たちが集団生活を送り犬たちがコミュニティを形成していくイメージである。

日本はペット後進国である。殺処分は年々減少している傾向にあるが、それでも殺処分が行われている。令和元年度の犬の引き取り数は 32,555 件、そのうち返還・譲渡数は 27,126 件であり、殺処分件数 5,635 件であった。つまり約 6 頭に 1 頭の割合で殺処分が行われている。そして引き取られた犬の中の約 1 割が飼い主から「引っ越しがあるから」「仕事が忙しいから」などの理由から保健所に引き取られている。犬の殺処分の原因に人が大きく関わってしまっている。しかし犬の殺処分をなくすことができるのも人であると考える。犬の保護にはとても距離感が遠いと感じる。それは保護センターが都市部から離れた場所にあるという事と犬の保護というものを身近感じることができないという 2 つが原因だと思う。実際に神奈川県動物愛護センターは平塚市の山奥にあり、車でないと行くのが大変な場所にある。それに対しペットショップは街を歩けば数多く見ることができ、気軽に立ち寄れる。この差を無くし、気軽に立ち寄れる犬の保護施設が殺処分の問題を解決していくのに非常に重要だと思う。

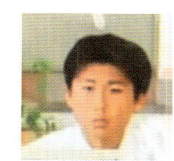

久保田 大介
Daisuke Kubota

浅野工学専門学校
建築工学科
担当教員：菊地 哲

今回の設計では RC 造ではなく木構造にした。それによりたのぬくもりを感じることのできる建物になった。保護というものに冷たさを感じないように、温かみを与えたいという思いから木構造を選択した。犬本来の自然で生きていた姿からも木構造のほうが適していると思う。

whole

犬のスペースの隣を人々が歩く。犬が自由に暮らす街に人々が入っていく、そんな感覚になる。そして新たな家族となる犬と人が出会う。

dog and human space

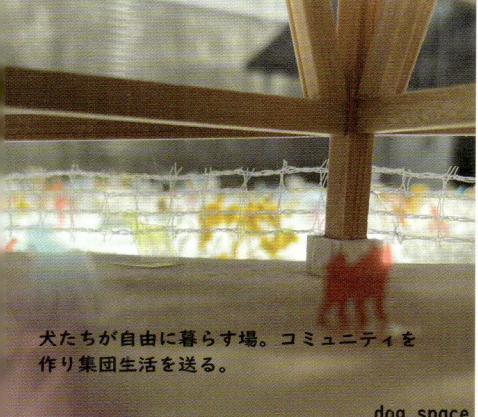

犬たちが自由に暮らす場。コミュニティを作り集団生活を送る。

dog space

様々な人が利用することができる。公園を利用する感覚でこの施設も使ってもらいたい。

entrance

犬と散歩で使ったり保護犬たちとふれあう場になる。異なる大きさのスペースで様々な交流が生まれる。

human space

公園内に設計することで様々な人が交わる場になる。

park

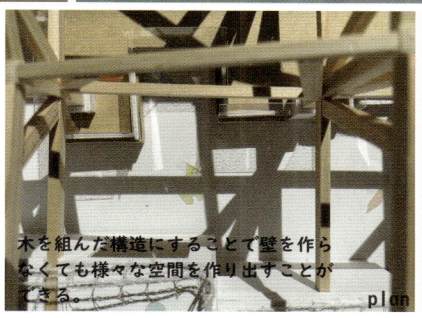

木を組んだ構造にすることで壁を作らなくても様々な空間を作り出すことができる。

plan

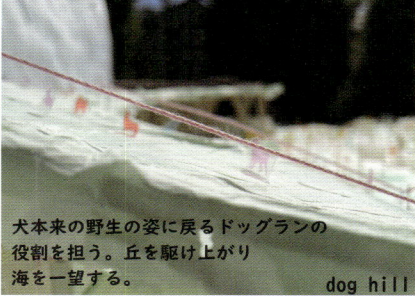

犬本来の野生の姿に戻るドッグランの役割を担う。丘を駆け上がり海を一望する。

dog hill

鬼怒川廃墟再興

ファン・パレス2.0

設計主旨：かつて大型ホテルを乱立し、現在は廃墟群として地域に姿を残している。人の流れ、自然の連続性といったものを断絶する存在であり、もはや行政的手法を用いて解決することが難しい状況である。本提案では、現代における象徴的な人工物を自然とハイブリッドさせることで既存建築を抱える地域の可能性を探ることを目的とする。解体と林業が同時進行し、必要な用途・機能・面積が更新されていく中で人工物と自然が縫い合わされていくことで、地域が再興されていく姿を描いた。

2棟目の解体が始まると、1棟目にはインフィルとしてモジュールが挿入されていく。ここでは小規模な面積に適応した林業拠点や加工の場、宿泊場所等が作られていく。3棟目の解体が始まり2棟目にモジュールが挿入される際、林業も規模を増し関係人口も増加していることから、必要な機能・面積・用途が更新されていく。

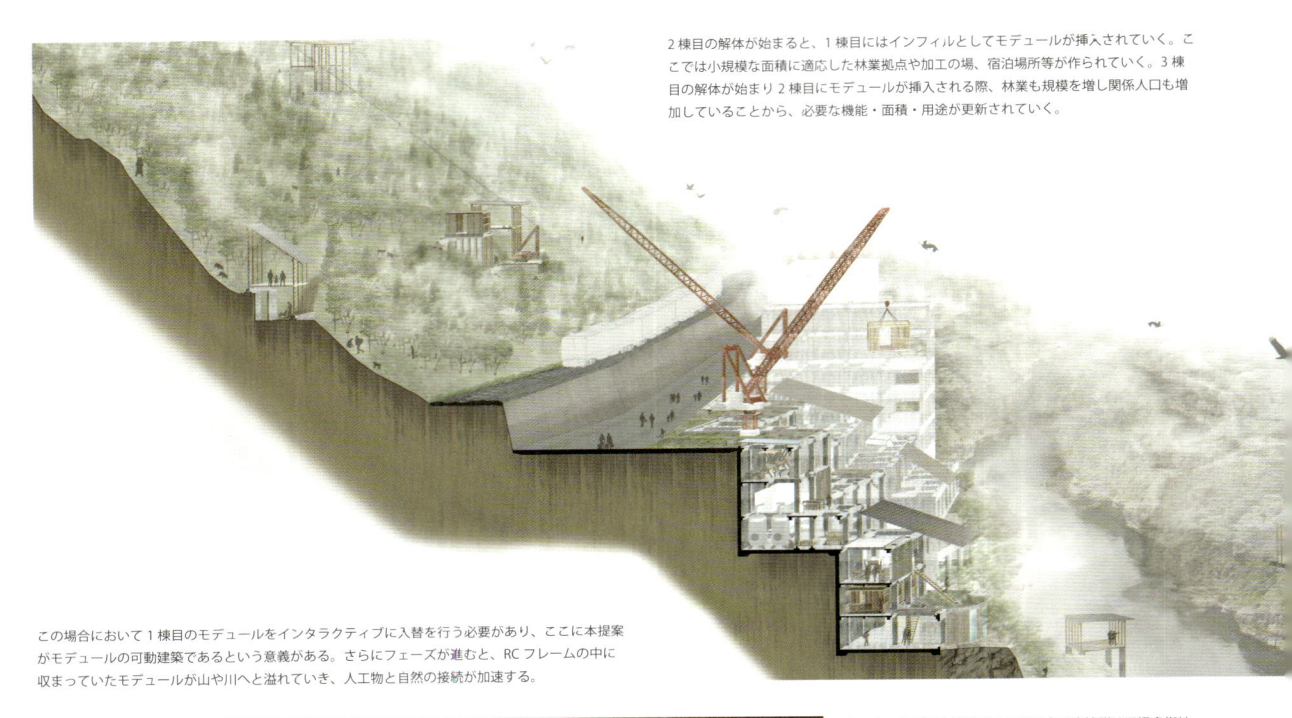

この場合において1棟目のモジュールをインタラクティブに入替を行う必要があり、ここに本提案がモジュールの可動建築であるという意義がある。さらにフェーズが進むと、RCフレームの中に収まっていたモジュールが山や川へと溢れていき、人工物と自然の接続が加速する。

3つのエリアにより構成されてる中で廃墟群は旧温泉街地区の中心に位置し、廃墟化と同時期に旧温泉街地区にあった駅が現在の鬼怒川温泉駅として移設したことも相まって日光方面からの人の流れを断ち切っている。また、最も山と川が接近する位置に存在しているが山から川にかけての自然の連続も遮っている。

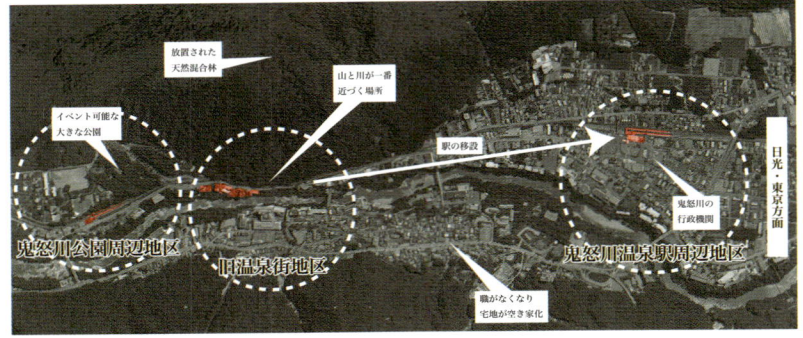

解体したRCのフレームに対しての設計として、可動式のモジュールを提案する。解体時に使用したタワークレーンをモジュールの入れ替えや資材運搬に活用し、RCの解体材、林業での木材、地下に湧いている温泉の活用などを織り交ぜたモジュールを、解体フレーム内及び山・川へと展開していく。

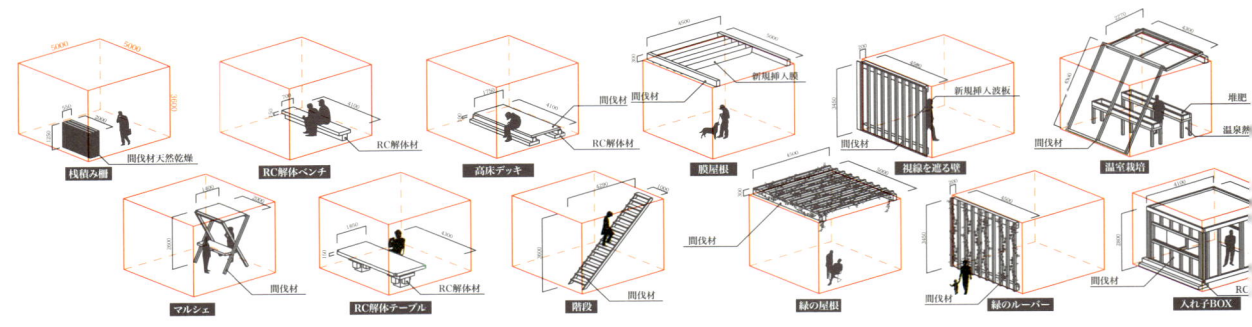

山崎 直樹
Naoki Yamazaki

明治大学
理工学部 建築学科
地域デザイン（川島範久）研究室

今回設計したこれらのモジュールは、資材の循環を行いながら必要な用途に合わせて提案したごく一部のアイデアであり、実際には人々のアクティビティにより無数のモジュールが誕生する。ファン・パレスは組み立て式モジュールとクレーンを併用した可動建築だったが、ここでは敷地内で組み立てたモジュールがクレーンによって敷地内外に移動して展開していく。様々な流れを断絶していた廃墟は次々と周囲に接続され、人の営みが生まれる空隙をもった大きな山のように変化していく。現代以降、人間が作り出してきた人工物は、いかに向き合いながら自然とうまくハイブリッドさせていくことができるかが重要であり、これらが縫い合わされていくことで地域が再興していく姿を描いた。

皆が集う場

地域を繋ぐ桜並木建築化計画

設計主旨：東京都の高齢化が深刻化する中、特に東京都町田市を日常生活圏域で分けた際の南第2区域と南第3区域の高齢化はより深刻である。高い高齢化率をこれ以上高くしないために「運動ができる地域の通いの場」が求められている。そこで南第2区域と南第3区域の境を流れる恩田川の桜並木に注目する。細長く流動的な特徴を持つ恩田川の桜並木からの軸を建築化することで桜並木の軸の求心力によって皆が自然と集い通う場を計画する。

計画地は南第2と南第3の境にあり、斜面地と合わせて高低差約12mの擁壁が立ち上がる敷地を計画地1、計画地2にした。南第2と南第3の境は丘陵地が多く起伏のある地形のため、その高低差を活かした眺めの良い場所が多いことが特徴である。しかし、この高低差により擁壁が立ち上がり地域を分断する原因にもなっている。これらのことから、この計画地に約12mの高低差を超えて人々が集い、かつ恩田川の性質を活かした「運動のできる通いの場」を計画することで地域を分断している擁壁を地域が集う場へと転換する。

この建築は桜並木からの軸で導線を計画し、さらに導線の端に開口を設けることで常に桜を見ながら空間を移動することができるようになっている。加えて導線は1/15のスロープになっている。このようにデザインすることで桜の人々を引き寄せる力で自然に上下間の移動ができるようになっている。建築という留まることを一般的な目的とする概念に対して動くことに重点を置いたこの作品は桜を中心として立体的に空間が動くことで建築内における様々な空間体験をよりアクティブにする力がある。それこそがこの計画地の今までになかった新たな集いの場に相応しいと考えた。

A-A' 断面図

相原 和樹
Kazuki Aihara

東京工芸大学
工学部 工学科 建築コース
建築設計計画Ⅰ（八尾廣）研究室

二階平面図

この建築は鉄筋コンクリート造であるが、これは導線から桜を見たとき桜がより目立つように意図している。これにより桜軸の力をより強いものにすることができる。鉄筋コンクリートは流動的で活発な印象の恩田川の桜並木に対して固定的で静かな印象を与える。

全体パース

桜テラス　　　　ウッドデッキ

二階・桜の導線　　二階・エントランス前

花見広場・屋外ステージ　　一階・展望エリア

地下階・工作室　　中庭・屋外ギャラリー

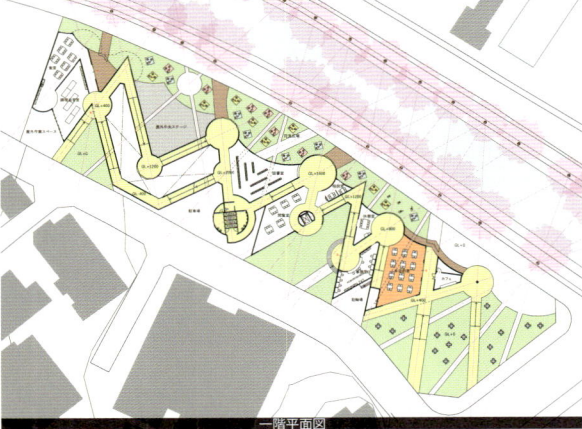

一階平面図

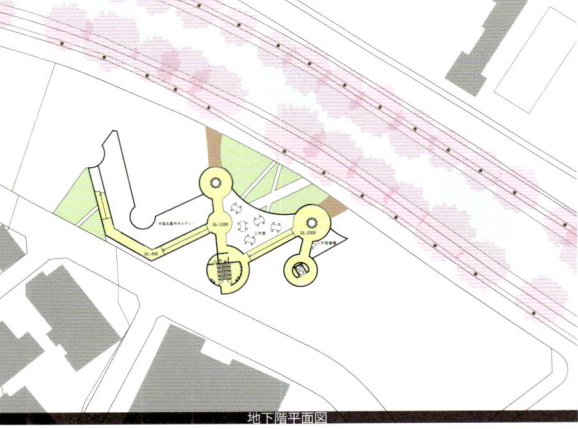

地下階平面図

建築を着崩す

設計主旨：私たちは制服を着崩した。着心地が悪くて、あるいは社会への僅かな抵抗として。"着崩し"から形態の変化を手法として抽出し、建築の表皮に応用する。「剥離」ではボタンを外し、衣服と皮膚の間に余白をつくるように、建築から表層を引き剥がし実体と表皮の間に空間をつくり出す。着崩した建築の表皮を統合し、その多重性から生まれる空間は空気を孕みながらも建築と「私」の輪郭を規定する。

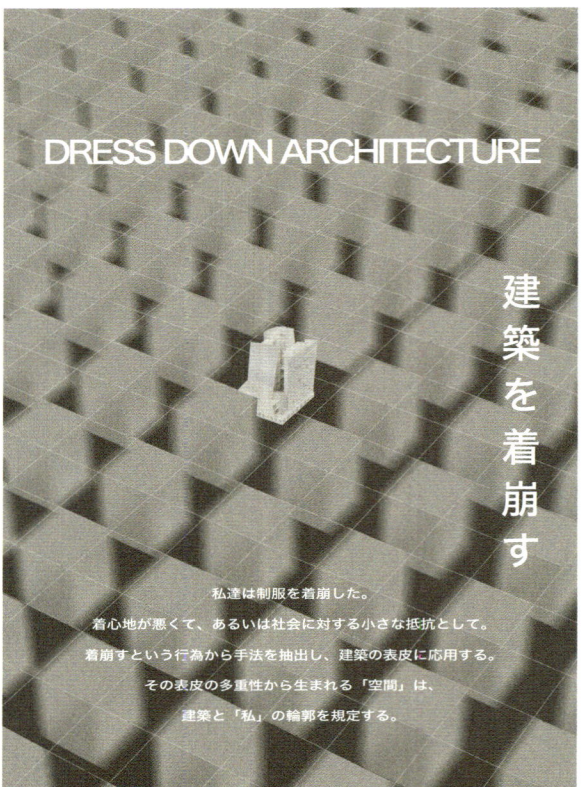

DRESS DOWN ARCHITECTURE

建築を着崩す

私達は制服を着崩した。

着心地が悪くて、あるいは社会に対する小さな抵抗として。

着崩すという行為から手法を抽出し、建築の表皮に応用する。

その表皮の多重性から生まれる「空間」は、

建築と「私」の輪郭を規定する。

00 背景｜制服と建築

制服は、所属を表すものでありつつも、社会によって規定された個性と自由と自律性の喪失の印であると言える。特に学生に関しては勝手に着崩し始める。それは合理的機能的には不適切だが、個人が個人であるための輪郭を規定する。また、着崩すという行為には新たな形態を生み出す可能性を内包する。基本的な形態としての衣服は1960代に出尽くしたが、形態を再解釈することで常に新しいデザインが生まれ続けている。このように社会に対する抵抗は新たな形態への転換点の一つである。建築ではモダニズム、ポストモダニズムのように現状と過去の否定は新たな時代への転換点となる。しかしこの「ポスト」という断絶的な視点よりも衣服のような連続的で積層的に現状と過去を再解釈し、新たな建築の転換点として再構築していきたい。

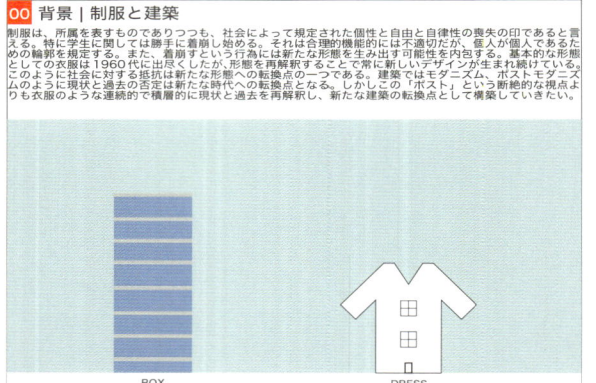

BOX　　　　　　DRESS

01 敷地｜経済的合理化建築

敷地は、東京都中央区八重洲一丁目。
丸の内のように区画は統一され超高層ビルによって再開発が進行中である。経済的、合理的観点によって従属した建築は近代化のタイポロジーのような箱型建築でしかない。
現在、敷地の対面は250mの超高層ビルが建設中である。それに抵抗する形で、敷地選定を行った。八重洲に残るスケールを読み解きながら、超高層ビルに対する着崩された建築の立ち位置を考える。

02 分析｜都市の表層としての建築

八重洲に現存するスケールから建築の表皮の分析を行った。人のスケールを大幅に超えた高さではない高低差によって、建築の表皮は側面や背面を覗かせる。この表皮の多重性は都市の臨場感を感じさせる。これを本来見えるファサードと同等に扱い、そこに現れてくる都市の表層を出力した。
再開発によって消えゆく都市の表層は何を語るのか。

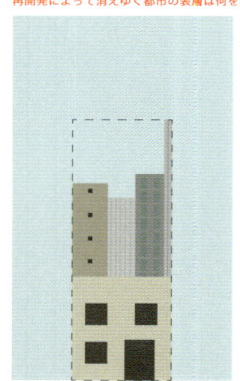 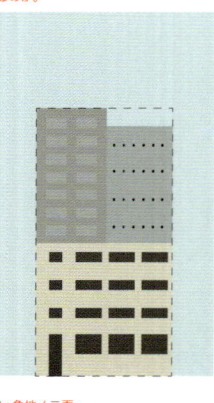 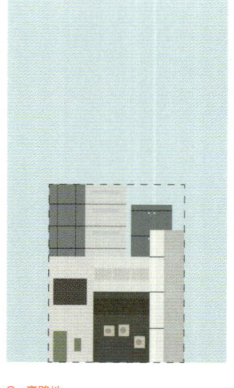  

A：高低差の融合
高低差を持つ建築の表皮を見る。
本来見えにくい側面や都市の表皮の高低差によって様々な建築の面として現れ、全く違う建築から抽出された5つの面によって再構成される。

B：角地／二面
角地の表皮を見る。
角地に建つ建築は本来のファサードを2面持つ。都市の表層を構成する面積比率の半分近くを占めている。

C：裏路地
裏路地の表皮を見る。
本来の建築が持つファサードは見えないが、普段現れてこないような配管や機械類によって都市の表層は構成される。

D：空地
空地の表皮を見る。
ファサードそのものは見られないが、素材の劣化など痕跡は残る。空地には機能は与えられておらず、側面や背面のみで構成される。

E：空地＋機能
駐車場から表皮を見る。
空地に機能が与えられ、都市の表層の構成要素が増えた。機能という表皮は時間で変容する。

長池 陽希
Haruki Nagaike

東京工芸大学
工学部 工学科 建築コース
建築設計計画Ⅱ（田村裕希）研究室

03 手法｜建築を着崩す

社会に対する抵抗と新たな形態への転換点となる、衣服の「着崩す」という行為から 10 個の手法を抽出した。これを建築の表皮に応用し、近代化のタイポロジーとしての箱型建築からの脱却を図る。近代化という現状に対する批判行為であると共に、元来の空間が建築の表層を規定するのではなく、空間と建築の表層を同時に扱い設計を行う。

fig.01｜短縮　風、光、熱など外部環境に対する呼応関係を持ち、外気に触れる面積が増える。

fig.02｜延長　本来の位置よりも長くなることで開いたり、歪んだりする。

fig.03｜剥離　身体と衣服の間の空気層を広く取る行為である。建築の実体から表層を剥離し、空気層を作る。

fig.04｜折衷　建築の歴史は深いが、表層的な模倣ではなく、機能的、空間的観点から折衷していく。

04 統合｜表皮を束ねる

着崩しから得た建築の表皮を束ね、統合していく。衣服と身体の関係性のような表皮同士の隙間に空気を孕みながら空間の輪郭を規定する。あるアパレルブランドの本社ビルとなる本提案は様々な人の総体として現れる。個人と社会の距離感を明確にし、「ヒト」を「私」へと昇華する。

fig.06｜付加　頭上を守る行為である。必ずしも必要ではないが、紫外線や光などからの防衛する役割を果たす。

fig.07｜除去　本来の構成要素の一部を取り除く。全体は担保された上で要素を付加する余地が生まれる。

fig.08｜膨張　体のサイズが外部へ膨張することである。身体に対してゆとりがあるため、身体と衣服の間は広い。

fig.10｜変異　要素単一の機能は別のものあり、僅かな変化でも全体への印象の変化は大きい。

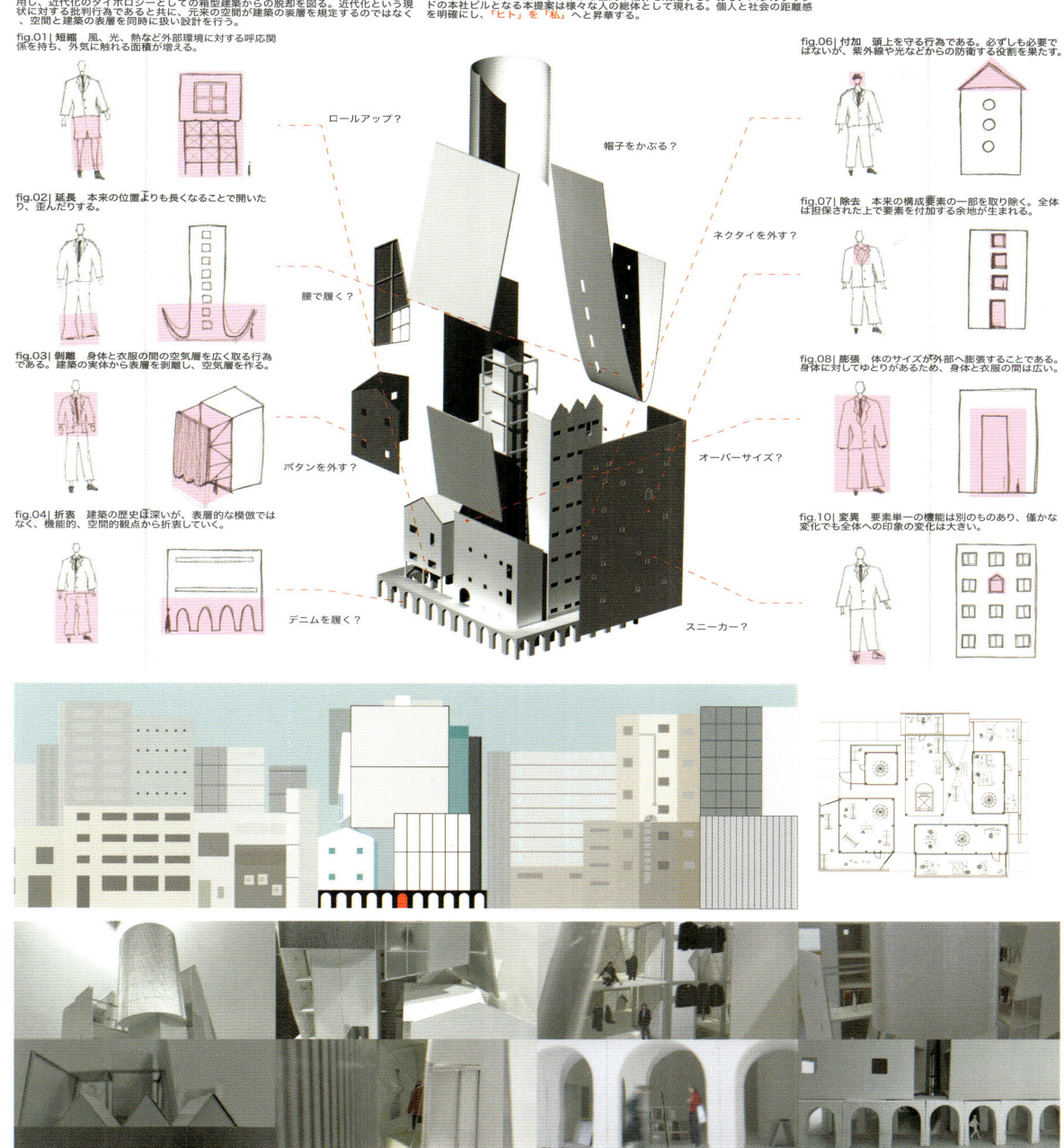

ロールアップ？

帽子をかぶる？

腰で履く？

ネクタイを外す？

ボタンを外す？

オーバーサイズ？

折衷？

デニムを履く？

スニーカー？

私の選択は
間違ってなかった

選んだのは、合格者の50%以上が
進んだ王道ルートでした。

1級建築士 合格実績 No.1

平成26～令和5年度
1級建築士 設計製図試験

全国合格者占有率 10年間

54.8%

他講習利用者＋独学者 / 当学院受講生

全国合格者合計 **36,470名**中 / 当学院受講生 **19,984名**
〈令和5年12月25日現在〉

★学科・製図ストレート合格者とは、令和5年度1級建築士学科試験に合格し、令和5年度1級建築士設計製図試験にストレートで合格した方です。　※当学院のNo.1に関する表示は、公正取引委員会「No.1表示に関する実態調査報告書」に基づき掲載しております。　※全国ストレート合格者数・全国合格

 総合資格学院

東京都新宿区西新宿1-26-2
新宿野村ビル22階
TEL.03-3340-2810

合格実績No.1の
ヒミツを公開中！

スクールサイト
www.shikaku.co.jp　総合資格　検索

コーポレートサイト
www.sogoshikaku.co.jp

田中 道子♡

令和4年度 一級建築士合格

総合資格のおかげで 人生変わりました.

総合資格学院イメージキャラクター
令和4年度 一級建築士試験合格
当学院受講生・俳優
田中 道子さん

令和5年度
1級建築士 学科+設計製図試験
全国ストレート合格者占有率

51.8%

他講習利用者＋独学者 / 当学院当年度受講生

全国ストレート合格者**1,075**名中／当学院当年度受講生**557**名
（令和5年12月25日現在）

令和6年度
1級建築士 学科試験
当学院基準達成 当年度受講生合格率

90.1%

全国合格率23.3%に対して **約4倍**

8割出席・8割宿題提出・総合模擬試験100点以上達成
当年度受講生**332**名中／合格者**299**名（令和6年9月4日現在）

令和6年度
1級建築施工管理 第一次検定
当学院基準達成 当年度受講生合格率

80.5%

全国合格率36.2%に対して **2倍以上**

8割出席・8割宿題提出
当年度受講生**257**名中／合格者**207**名（令和6年8月23日現在）

公財）建築技術教育普及センター発表に基づきます。　※総合資格学院の合格実績には、模擬試験のみの受験生、教材購入者、無料の役務提供者、過去受講生は一切含まれておりません。

X ⇒「@shikaku_sogo」
LINE ⇒「総合資格学院」
Instagram ⇒「sogoshikaku_official」で検索！

開講講座　1級・2級 建築士／建築・土木・管工事施工管理／構造設計1級建築士／設備設計1級建築士／宅建士／インテリアコーディネーター／建築設備士／賃貸不動産経営管理士

法定講習　一級・二級・木造建築士定期講習／管理建築士講習／第一種電気工事士定期講習／監理技術者講習／宅建登録講習／宅建登録実務講習

第35回 神奈川県 ❼大学 ❶専門学校 卒業設計コンクール

発行日	2025年 1月 8日
編　著	公益社団法人 日本建築家協会 関東甲信越支部 神奈川地域会 編
発行人	岸 和子
発行元	株式会社 総合資格　総合資格学院
	〒163-0557　東京都新宿区西新宿1-26-2　新宿野村ビル22F
	TEL 03-3340-6714（出版局）
	株式会社 総合資格……http://www.sogoshikaku.co.jp
	総合資格学院……https://www.shikaku.co.jp
	総合資格学院 出版サイト……https://www.shikaku-books.jp

設計展主催	公益社団法人 日本建築家協会 関東甲信越支部 神奈川地域会

編　集	株式会社 総合資格　出版局（新垣宜樹、金城夏水）
デザイン	株式会社 総合資格　出版局（三宅 崇）
取材・DTP	株式会社 南風舎（平野 薫、八木聡子）
印　刷	シナノ書籍印刷 株式会社

Printed in Japan
ISBN 978-4-86417-567-8

THE 35th
GRADUATION
ARCHITECTURE
COMPETITION
❼ UNIVERSITIES and
❶ VOCATIONAL SCHOOL
in KANAGAWA